Don Juan
O convidado de pedra

Livros de Millôr Fernandes na Coleção **L&PM** POCKET

Hai-Kais
O livro vermelho dos pensamentos de Millôr
Millôr definitivo – a bíblia do caos
Poemas

Teatro
Um elefante no caos
Flávia, cabeça, tronco e membros
O homem do princípio ao fim
Kaos
Liberdade, liberdade (com Flávio Rangel)
A viúva imortal

Traduções e adaptações teatrais
As alegres matronas de Windsor (Shakespeare)
A Celestina (Fernando de Rojas)
Don Juan, o convidado de pedra (Molière)
As eruditas (Molière)
Fedra (Racine)
Hamlet (Shakespeare)
O jardim das cerejeiras seguido de *Tio Vânia* (Tchékhov)
Lisístrata (Aristófanes)
A megera domada (Shakespeare)
Pigmaleão (George Bernard Shaw)
O rei Lear (Shakespeare)

Molière

Don Juan
O convidado de pedra

Tradução e adaptação
de
MILLÔR FERNANDES

www.lpm.com.br

L&PM POCKET

Coleção **L&PM** POCKET, vol. 22

Texto de acordo com a nova ortografia.

Primeira edição na Coleção **L&PM** POCKET: março de 1997
Esta reimpressão: agosto de 2010

Capa: Caulos
Revisão: Delza Menin, Renato Deitos e Simone Borges

M721d

Molière, 1622-1673. pseud.
    Don Juan, o convidado de pedra / Jean-Baptiste Poquelin; tradução e adaptação de Millôr Fernandes. – Porto Alegre: L&PM, 2010.
    128 p. ; 18 cm. – (Coleção L&PM POCKET ; v. 22)

ISBN 978-85-254-0616-3

    1.Ficção francesa-Teatro. 2.Poquelin, Jean-Baptiste, 1622-1673. I.Título. II.Série.
                                                         CDD 842
                                                         CDU 840-2

Catalogação elaborada por Izabel A. Merlo, CRB 10/329

© Millôr Fernandes, 1997

Todos os direitos desta edição reservados a L&PM Editores
Rua Comendador Coruja 314, loja 9 – Floresta – 90220-180
Porto Alegre – RS – Brasil / Fone: 51.3225.5777 – Fax: 51.3221-5380

Pedidos & Depto. comercial: vendas@lpm.com.br
Fale conosco: info@lpm.com.br
www.lpm.com.br

Impresso no Brasil
Inverno de 2010

PERSONAGENS

Don Juan – Filho de Don Luís
Leporelo – Criado de Don Juan
Dona Elvira – Mulher de Don Juan
Gusmão – Escudeiro de Dona Elvira
Don Carlos ⎫
⎬ Irmãos de Dona Elvira
Don Alonso ⎭
Don Luís
Carlota ⎫
⎬ Camponesas
Marturina ⎭
Pierrô – Camponês
A Estátua do Comendador
Violeta ⎫
⎬ Criados de Don Juan
Ragota ⎭
Sr. Domingos – Comerciante
La Ramée – Espadachim
Um pobre
Comitiva de Don Juan
Comitiva dos irmãos Don Carlos e Don Alonso

Don Juan, de Molière, na tradução e adaptação de Millôr Fernandes, estreou no dia 21 de março de 1997 no teatro Villa Lobos, no Rio de Janeiro, com direção de Moacir Chaves, tendo no elenco: Edson Celulari, Cacá Carvalho, Gisele Fróes, Marcelo Escorel, Ludoval Campos, Totia Meireles e Ana Barroso e com a participação especial de Luís de Lima e Henry Pagnoncelli, e cenário de Daniel Thomas.

A AÇÃO SE PASSA NA SICÍLIA

PRIMEIRO ATO

Um castelo

CENA I

Leporelo e Gusmão

LEPORELO

(Com uma tabaqueira na mão) Diga o que diga Aristóteles e toda sua filosofia – não há nada que se compare ao rapé. É a paixão dos nobres. Não exagero – quem não ama o rapé não é digno da vida. O rapé não apenas purifica e alegra o cérebro, mas estimula a alma, conduz à virtude, e o seu uso *(gesto)* refina as boas maneiras. Reparem. Notem a generosidade de quem o usa, a graça com que o oferece a todos, aqui, ali, contente de distribuí-lo à esquerda e à direita – sem esperar que ninguém o solicite. O rapezista antecipa o desejo alheio. Acho admirável essa propensão do rapé para inspirar sentimentos de gentileza e desprendimento em todos que o fungam. Desculpe – meu entusiasmo me afasta do assunto principal. Quer dizer então, caro Gusmão, que tua patroa, Dona Elvira, surpreendida com nossa partida repentina, meteu o pé na estrada e veio atrás de nós? Que coisa! Com seu coração profundamente tocado por meu amo, ela não resistiu ao impulso de vir cercá-lo aqui. Só entre

nós; posso dizer sinceramente o que é que eu acho? Posso? Temo que ela vá receber muito pouco em paga desse... perigoso investimento. Temo que sua viagem a esta cidade resulte em nada. Ou até em menos. Vocês lucrariam mais, pois não perderiam tanto, ficando onde estavam.

GUSMÃO

Leporelo, que é que está me dizendo? O que é que te inspira a antecipar esse quadro funesto? O teu patrão te confidenciou o quê? Revelou alguma coisa contra nós que o obrigasse a... escapar?

LEPORELO

Que o quê – nunca me disse nada. Mas, com a vista e o olfato, percebo o andar da carruagem. Mesmo que ele não me tenha dito nada, eu reafirmo o que te disse. Pode até ser que me engane, mas a experiência me ensinou muito nessa matéria.

GUSMÃO

Ah, então é assim? É o que eu estou entendendo? Essa partida sem qualquer aviso é devida a uma infidelidade de Don Juan? Seria ele capaz de tal ofensa à ardente paixão de Dona Elvira?

LEPORELO

Não: é que Don Juan ainda é muito jovem... tem a tentação do risco.

GUSMÃO

E isso justifica, em homem de sua condição social, ação tão vil?

LEPORELO

Ah! Ah! O que pode a condição social diante das imposições da condição humana?

GUSMÃO

Mas ele está preso pelos santos laços do matrimônio.

LEPORELO

Eh!, Gusmão, meu pobre amigo, confia em mim – você ainda não percebeu quem é esse homem, esse Don Juan.

GUSMÃO

Como é que eu posso saber quem é um homem capaz de tal perfídia? Não compreendo como, depois de tanto amor e tantas demonstrações de impaciência, depois de tantas homenagens escaldantes, e votos, e suspiros, e promessas em pranto; depois de tantas cartas apaixonadas, protestos ardentíssimos, repetidos juramentos, em suma, depois de haver demonstrado tanto arrebatamento e fúria, a ponto de, presa dessa paixão, invadir o obstáculo sagrado de um convento a fim de se apossar de Dona Elvira: não compreendo, repito, como, depois de tudo isso, tenha tido a coragem de romper com sua palavra.

LEPORELO

Pois eu não tenho a menor dificuldade em entendê-lo. Se você conhecesse o nosso rufião, veria que para agir assim ele não vê qualquer impedimento. Não digo que seus sentimentos por Dona Elvira tenham mudado; não estou certo disso. Você sabe que, por ordem dele, eu vim antes e, desde que chegou aqui, nem me dirigiu a palavra. Mas, por precaução, vou te dizer uma coisa, e fica aqui entre nós; nesse meu patrão, Don Juan, você tem o maior patife que a Terra já produziu; um danado, um cão danado, um demônio, um turco priápico (se é que todos não o são), um herege, que não respeita nem o Céu, nem os santos, nem a Deus, nem ao diabo. Bom, também não acredita em mulas sem cabeça, fantasmas ou lobisomens. Vive a vida como um animal selvagem; um porco de Epicuro, verdadeiro Sardanapalo, que só busca satisfações, e fecha os ouvidos a todas as censuras que lhe faça o mais puro cristão. Acha idiotice tudo em que acreditamos. Tu me dizes que se casou com tua ama. Isso é pouco. Pra satisfazer sua paixão ele não hesitaria em casar também contigo, teu gato e o teu sapato. Um casamento não lhe custa nada; é só um estratagema pra atrair as tolas; casa como respira, sem mesmo perceber. E, uma vez satisfeito – esquece. Senhoras ou donzelas, burguesas, camponesas, vai de um tudo – pra ele não há carne retostada ou malpassada. Embora prefira crua. E tenra. Se eu te fizesse a lista de todas com quem casou aqui, ali e acolá, olha, você ia ter que tomar nota o dia inteiro. Vejo que estás estupidificado. Mudas até de cor ouvindo o que te digo. E fiz apenas um esboço do nosso personagem. Prum retrato acabado ia correr muita tinta. Consola-te na certeza de que, mais dia menos dia, a cólera do Céu desaba sobre ele. Eu preferiria ser servo do demônio. Pelo que vi de horrores em sua companhia gostaria mesmo que já estivesse no inferno. Um nobre assim tão mau é uma coisa terrível. E tenho que lhe ser fiel, embora ele me repugne; o medo em mim se confunde com zelo, transforma meus sentimentos. E me força a aplaudir sempre, o que sempre minha alma repele. Mas ei-lo que vem aí, tranquilo, passeando pelo palácio. Separemo-nos. Porém, escuta; te fiz algumas confidências com total franqueza. Mais que isso – exagerei. Dei com a língua nos dentes. Mas, se uma palavra do que disse chegar ao ouvido dele, conte com a minha lealdade; afirmarei que és um mentiroso.

CENA II

Don Juan e Leporelo

DON JUAN

Quem era esse homem que falava contigo? Parece o bom do Gusmão, criado de Dona Elvira.

LEPORELO

Parecido mesmo. Com um pouquinho mais seria ele.

DON JUAN

O quê? É ele?

LEPORELO

O próprio.

DON JUAN

E desde quando está aqui na cidade?

LEPORELO

Desde ontem à noite.

DON JUAN

O que é que ele veio fazer?

LEPORELO

Não vou lhe dizer. O senhor adivinha mais rápido.

DON JUAN

Nossa partida brusca?

LEPORELO

O pobre-diabo está muito ofendido – tinha na cabeça um enorme Por quê? Por quê?

DON JUAN

E você lhe disse?

LEPORELO

Lhe disse que o senhor não me diz nada.

DON JUAN

E a mim, que diz você? Que é que você acha deste caso?

LEPORELO

Eu acho, sem querer achar muito, que o senhor deve ter nova paixão.

DON JUAN

Acha mesmo?

LEPORELO

É.

DON JUAN

E sabe que você não se engana? Devo confessar que novo vendaval varreu Elvira do meu coração.

LEPORELO

Pois vê, eu não me engano! Conheço meu Don Juan como a palma desta mão. Sei que seu coração vagueia como um pombo; come alpiste em todas as gaiolas e nenhuma o prende.

DON JUAN

E não te parece errado eu agir assim?

LEPORELO

Olha, senhor...

DON JUAN

Estou olhando. Fala.

LEPORELO

É evidente que o senhor tem razão, se quiser ter razão – não posso dizer o contrário. Mas se o senhor não quisesse ter razão, eu lhe daria ainda mais razão.

DON JUAN

Fala mais claro! Te dou plena liberdade de soltar tudo que pensa.

LEPORELO

Nesse caso, senhor, lhe digo com toda franqueza que de modo algum aprovo seu procedimento. E acho até bem safado amar pra lá e pra cá como o senhor faz.

DON JUAN

Não diga! Você pretende que uma pessoa se ligue definitivamente a um só objeto de paixão, como se fosse o único existente? Depois disso renunciar ao mundo – ficar cego para todas as outras formosuras? Bela coisa, sem dúvida, uma pessoa em plena juventude enterrar-se para sempre na cova de uma sedução, morto para todas as belezas do mundo em forma de mulher. Tudo em nome de uma honra artificial que chamam fidelidade? Ser fiel é ridículo, tolo, só serve aos medíocres. Todas as belas têm direito a um instante de nosso encantamento. E a fortuna de ter sido a primeira não pode impedir às outras o direito de estremecer o nosso coração.

A mim a beleza me enlouquece em qualquer lugar em que a encontre; e cedo facilmente à doce violência com que me domina. Em amor é lindo estar comprometido. Mas o compromisso que tenho com uma beleza não impede minha alma de ser justa com as outras. Tenho os olhos sempre abertos para o mérito de inúmeras. E rendo sempre, a todas e a cada uma, as homenagens e os tributos a que a natureza me impele. Seja por que for, não posso, não devo, recusar meu coração a nada do que vejo de adorável; e se mil rostos formosos me pedissem, partiria em mil meu coração para atendê-los. As atrações nascentes têm encantos inexplicáveis – todo o gozo do amor está na renovação.

Há uma doçura extrema em dominar, com cem ou mil galanteios, o coração de uma jovem esplêndida, vendo, dia a dia, o progresso de nossa penetração... em sua ânsia. Invadindo, com lances de arrebatamento, prantos e promessas, o pudor inocente de uma alma e vendo-a, aos poucos, perdendo qualquer vontade de se defender. Forçando, passo a passo, todas as últimas pobres resistências que ela nos opõe, vencendo essa teia de escrúpulos que formam sua honra, levando-a carinhosamente até... até onde queremos. Mas, uma vez possuída, não há mais o que dizer, ou desejar. Toda a beleza da paixão se acaba e dormimos na serenidade do amor conquistado, até outro estímulo despertar nossos desejos com a irresistível atração do novo. Enfim, não há nada tão doce quanto dobrar a resistência de uma bela mulher. Nisso minha ambição é igual à dos grandes conquistadores, que voam eternamente de batalha em batalha, jamais se resignando a limitar sua ambição. Também não faço nada refreando a impetuosidade dos meus desejos. Minha vontade é seduzir a Terra inteira. Como Alexandre lamento que não haja outros mundos para estender até lá minhas conquistas amorosas.

LEPORELO

Maravilha de discurso! Parece até que aprendeu isso de cor – fala como um livro.

DON JUAN

Muito bem. Mas quero ouvir seu comentário.

LEPORELO

Ora, ora, eu... Só tenho a dizer que não tenho o que dizer. Ou não sei como dizer. Porque o senhor vira e revira as coisas de uma tal maneira que parece ter absoluta razão onde não tem nenhuma. Trazia aqui dentro os mais claros pensamentos sobre o assunto, mas seu discurso embaralhou tudo. Deixa estar; em outra ocasião me preparo melhor para discutir com o senhor. Penso ponto por ponto. E trago tudo escrito.

DON JUAN

Não é uma má ideia.

LEPORELO

Mas me diga, senhor, está dentro da permissão que

me foi dada eu me sentir um pouquinho escandalizado com o tipo de vida que o senhor leva?

DON JUAN

Como assim? Que vida eu levo?

LEPORELO

Muito boa. Mas, por exemplo, vendo-o casar todos os meses como eu o vejo...

DON JUAN

E existe vida mais agradável?

LEPORELO

Não, reconheço. É muito agradável e muito divertida e até eu levaria uma vida assim, se não houvesse nada de mal nisso. Mas, meu senhor, escarnecer assim de um sacro mistério...

DON JUAN

Vamos, vamos, isso é um assunto entre o Céu e eu. Resolveremos isso sem comprometer você.

LEPORELO

Mas, meu senhor, sempre ouvi dizer que é muito grave zombar do Céu. Os que se atrevem a isso são libertinos – jamais têm um bom fim.

DON JUAN

Agora você exagera – quantas vezes já lhe disse que detesto pregadores?

LEPORELO

Mas não falo assim do senhor, que Deus me livre e guarde. O senhor sabe o que faz. Se não acredita em nada é porque isso é sua forma de crença. Falo dos insensatos, libertinos sem saber por quê; posam de audaciosos porque acham que fica bem. Não falo do senhor não. Se eu tivesse um patrão assim eu lhe diria claramente, olhando-o bem no olho: "Ousa o senhor zombar do Céu dessa maneira; não treme o senhor de fazer o que faz, de escarnecer das coisas mais sagradas? Acha que lhe fica bem, ínfimo verme da terra, lombriga desprezível (falo ao patrão que imaginei), acha que pode mesmo colocar em ridículo tudo que os outros reverenciam? O senhor pensa que, por sua alta posição, por ter peruca loura e bem frisada, plumas no chapéu, roupa toda dourada, e fitas cor de fogo (não falo com o senhor, falo com o outro), pensa o senhor, digo eu, que é melhor do que todos, que tudo lhe é permitido e que eu não ousaria lhe dizer a verdade, cara a cara? Aprenda comigo, que sou seu servidor, que cedo ou tarde o Céu pune os ímpios, que uma má vida conduz a uma má morte, que..."

DON JUAN

Basta!

LEPORELO

Falei demais?

DON JUAN

Falou bastante. Agora deves saber que uma nova

beldade raptou meu coração. Seduzido por suas qualidades físicas e morais – é por isso que estamos aqui.

LEPORELO

Eu também? *(Don Juan acena que sim)* E não o preocupa, senhor, estando aqui, a morte do Comendador que o senhor eliminou há seis meses?

DON JUAN

Preocupar-me por quê? Não o matei corretamente?

LEPORELO

Sim senhor, corretissimamente; seria injusto ele se queixar.

DON JUAN

Fui absolvido dessa morte.

LEPORELO

É verdade. Mas uma absolvição não o absolve do ressentimento de parentes e amigos...

DON JUAN

Ah! Não vamos antever os males hipotéticos – é melhor pensar apenas no que vai nos dar prazer. A pessoa de que te falo é uma jovem noiva, a coisa mais deliciosa do mundo, que foi trazida aqui por aqueles com quem vai casar. O acaso me apresentou a esse casal de enamorados três ou quatro dias antes que viajassem. Jamais vi duas pessoas tão ansiosas uma pela outra, dando tantas demonstrações de tanto amor. A ternura ostensiva desse mútuo ardor me encheu de emoção e de inveja; feriu meu coração. Minha paixão nasceu de meu ciúme. É; não suporto mais vê-los juntos. O despeito desperta meus desejos e antecipo o prazer extremo de poder perturbar essa harmonia, romper o nó que os liga – verdadeira ofensa à sensibilidade do meu coração. Até aqui, porém, todos meus esforços têm sido inúteis. Vou apelar para um recurso extremo. O futuro esposo convidou sua amada a um passeio no mar. Sem te dizer coisa alguma preparei tudo para satisfazer minha paixão, uma barca e quatro homens, com que espero facilmente sequestrar minha bela.

LEPORELO

Ah, meu senhor...

DON JUAN

O quê?

LEPORELO

O senhor faz muito bem, faz como lhe convém. O melhor deste mundo é satisfazer nossos desejos.

DON JUAN

Portanto prepara-te para vir comigo e cuida de trazer todas minhas armas para que... *(Vê Dona Elvira)* Ah, que encontro infeliz! Traidor; não me disseste que ela estava aqui.

LEPORELO

O senhor não me perguntou.

DON JUAN

Ela enlouqueceu – ainda está com as roupas de viagem. Nem mudou de vestido.

CENA III

Dona Elvira, Don Juan e Leporelo

DONA ELVIRA

Don Juan, posso lhe pedir a graça de me reconhecer? Posso esperar que se digne voltar o rosto em minha direção?

DON JUAN

Confesso, senhora, que estou surpreendido – de modo algum a esperava aqui.

DONA ELVIRA

É, vejo realmente que o senhor não me esperava; está profundamente surpreendido. Mas de maneira bem diferente da que eu esperava. E essa sua atitude me confirma plenamente aquilo em que me recusava acreditar.

Admiro minha ingenuidade e a fraqueza do meu coração duvidando de uma traição que todas as aparências demonstravam. Eu fui excessivamente boa, confesso, ou, digo melhor, estúpida, querendo enganar a mim mesma, me esforçando por negar o que meus olhos e meu julgamento viam e pressentiam. Procurei razões para explicar à minha ternura o esfriamento do afeto que ela esperava do senhor. Descobri laboriosamente mil razões para sua partida precipitada, querendo absolvê-lo de um crime do qual minha razão não duvidava. Minhas justas suspeitas todo dia me alertavam, mas eu repelia qualquer voz que pretendesse torná-lo infame ao meu coração. Preferia escutar com prazer as mil ridículas quimeras que o mostravam inocente e sincero. Mas, agora, este encontro não me permite mais a menor dúvida. A olhada que me deu me feriu muito mais do que tudo que eu podia imaginar. Todavia gostaria de ouvir de seus próprios lábios a explicação de sua fuga. Fala, Don Juan, por favor, fala. Quero ver de que hábil maneira vai se justificar.

DON JUAN
Madame, está aí Leporelo, que sabe por que eu parti.

LEPORELO
(Em voz baixa, a Don Juan) Eu, senhor? Por favor, eu não! Eu não sei nada!

DONA ELVIRA
Fala então, Leporelo, quero a explicação, não importa de que boca.

DON JUAN
(Fazendo sinal para que Leporelo se aproxime) Vamos, Leporelo, fala à senhora.

LEPORELO

(Baixo, a Don Juan) Que quer que eu diga?

DONA ELVIRA

Chega aqui perto, como ele ordena, e explica-me a causa de tanta precipitação.

DON JUAN

Vamos, rapaz, explica!

LEPORELO

Madame, eu...

DONA ELVIRA

Estou ouvindo.

LEPORELO

(Para Don Juan) Senhor, eu...

DON JUAN

(Ameaçador) Estamos ouvindo.

LEPORELO

Senhora, os conquistadores, Alexandre, e os outros mundos são a causa de nossa partida. Aí está, senhor, tudo que sei dizer.

DONA ELVIRA

Poderia o senhor, Don Juan, explicar um pouco mais essa explicação?

DON JUAN
Falar verdade, senhora...

DONA ELVIRA
Ah, o senhor se defende muito mal para um homem da corte, inda mais tão acostumado a esse tipo de coisas. Sabe que me dá até dó, vê-lo assim todo confuso? Não é melhor pôr em sua cara a expressão devida – a do cinismo indecente? Por que não jura que conserva por mim os mesmos sentimentos, que me ama ainda com ardor sem igual, e que nada o separará de mim até a morte? Por que não me mente dizendo que negócios de máxima importância o obrigaram a partir sem me avisar?; que, para tristeza sua, vai ter que permanecer aqui ainda algum tempo, e me aconselha a voltar para de onde vim, jurando que seguirá meus passos assim que lhe for possível?; que arde de desejo de ficar junto a mim; que longe de mim sofre um corpo separado da alma? É assim que deveria se defender e não ficando aí, confuso, tolo, aparvalhado.

DON JUAN
Posso lhe jurar, madame, que não possuo o talento da dissimulação – meu coração é um bloco de sinceridade. Não lhe direi, portanto, que conservo por si os mesmos sentimentos que antes me animavam, nem que queimo de desejos por reencontrá-la. Pois é evidente que não parti, fugi. Não pelas razões que lhe parecem evidentes, mas por escrúpulos de consciência – por saber que não poderia viver consigo sem pecado. Repito, fui assaltado por escrúpulos que abriram os olhos

de minha alma e me encheram de horror por minha conduta. Refleti que, para desposá-la, arranquei-a da clausura de um convento, obriguei-a a romper votos que a ligavam a sublimes compromissos. E o Céu tem ciúme feroz dessa espécie de coisa. O arrependimento me dominou; tive pavor da cólera divina. Percebi que nosso matrimônio não passava de um adultério disfarçado, que atrairia sobre nós o castigo do Altíssimo. Senti que devia esquecê-la para que tivesse oportunidade de voltar a seus antigos votos e devoções. A senhora se oporia a tão puros pensamentos? Preferia que eu, retendo-a, enfrentasse, e a obrigasse a enfrentar, a fúria do Céu? Que eu...?

DONA ELVIRA

Ah, celerado, só agora eu o conheço por inteiro; e para minha infelicidade o conheço quando já é demasiado tarde e esse conhecimento serve apenas para meu desespero. Mas saiba que seu crime não ficará sem castigo e que o mesmo Céu do qual o senhor escarnece saberá me vingar de sua perfídia.

DON JUAN

Leporelo, o Céu!

LEPORELO

O Céu, é mesmo! Vamos nos divertir muito com isso, se vamos.

DON JUAN

Senhora...

DONA ELVIRA

Basta. Não quero ouvir mais nada. E me acuso até de ter ouvido tanto. É uma covardia permitir que esmiúcem diante de nós nossa própria vergonha. Nesses assuntos uma alma nobre deve decidir ao ouvir a primeira palavra. Não espere que eu aqui prorrompa em injúrias e lamentos: não, minha cólera não se dissipará em palavras inúteis. Todo seu calor será reservado à minha vingança. Repito mais uma vez: o Céu o punirá, pérfido, do ultraje que me fez. E se o Céu não tem nada que o faça tremer, trema então pelo que pode o ódio de uma mulher ofendida. *(Sai)*

CENA IV

Leporelo e Don Juan

LEPORELO

(À parte) Se ao menos ele se deixasse dominar pelos remorsos!

DON JUAN

(Depois de curta reflexão) Temos que pensar agora em nossa próxima aventura amorosa.

LEPORELO

(Só) Ah!, o poder do salário. Que abominável senhor ele me faz servir!

SEGUNDO ATO

Campo, à beira-mar, perto
da cidade

CENA I

Carlota e Pierrô*

CARLOTA

Nosso Deus, Pierrô, tu então chegou mesmo na hora?

PIERRÔ

Nossa mãe, foi prum fiozim assim qui num se afogaro us dois.

CARLOTA

Foi o quê? O pé di vento di manhãzim qui us cuspiu dento dágua?

PIERRÔ

Tu cala i escuita qui ti vô contá bem direitim cumo

---

* *À DIREÇÃO: Estes personagens falam um patoá. Traduzo usando aquilo que se tem como "língua popular", mas não tento imitar um "dialeto perfeito" para não complicar a compreensão do texto. O talento do autor e do diretor completarão a maneira de falar, aliás falsa no texto de Molière. Falsificação feita por ele, também para facilitar a compreensão. IMPORTANTE: É fundamental que o "dialeto" não seja localizado, por exemplo, como fala de um nordestino ou de um capiau paulista.*

tudo si passou-se. Caso é, cumo diz u ôtro, qui fui eu o primêro que viu eles; que viu eles de primêro só foi eu. Tava os dois nós na bêrada do mar, eu e mais o Luca Gordo, e nós se divertia, atirando bolões di terra um nos cornos do ôtro. Cê sabe cumo o Gordo apreceia uma boa mulecage, qué dizê, só num apreceia tantu quantu eu. In pois nu meio da mulecada eu apercebi nu longi qualqué coisa qui se fervia nágua in nossu rumu, i num era pêxe pelu jeito das nadada. Eu via aquilo bem visívo, i di repenti num vi nem mais nada. "Ô Gordo", eu disse, "eu achu qui aquilu ali é uns home nadando." "Cê tá é vendo coisa", disse o Gordo. "Eu só vejo um gato morto." "Num tem vista nim rivista" – eu falando – "São uns home nadando." "Tem ninguém lá" – agora é o Gordo – "Tu olhô pro sol, ficou cegado." "Qué apostá", dizeu eu, "aí que minha vista tá bem boa", dizeu eu mais, "são homes sim" – sou inda eu – "qui nadam lá?" "Tu tem é catrata nu olhu, aposto qui num é ninguém", apostô o Gordo. "Eu caso dez soldo que são home afogano", eu falei. "Tá feito" – falô o Gordo. "I pra mostrá qui tá feito, taí o meu dinhêro." Eu, qui num sô bobu nim indiota, joguei logo nu chão duas peças de um soldo i quatros peça dobrada, assim, no desafio, na calma di bebê um jarro di vinho. Porque eu sô do arriscado, e num jogo com dinhêro contado. Eu sabeu o qui fazia. Tem vez que possu inté sê indiota. Mas bobo num sô não! Pruquê nem nóis tinha acabado di apostá qui já os homes gritava pur socorro e eu pegava o ganho nas aposta. "Vamo, Gordo", eu dizeu, "tu tá vendo qui eles tão morreno; vamo dipressa." "Eu não", disse o Gordo, "eles fizero eu perdê. Vai tu que ganhô." Bom, pra encurtá história, eu xinguei tanto o Gordo que ele entrô cumigo na canoa, e fumo tirá os home que afogavo, levamo eles pra cabana, e botamo junto do fogo pra secá, nuzinhos como Deus trusse elis nu mundu. Ao dispois inda viero mais dois do bando deles, acho qui saíro das água sin ajuda. I foi quando apareceu a Marturina i tudo elis parecia querê cumê ela cum us olho. Qué dizê, pelo que eu vi, cus olho e cum o resto. Ti conto cumo foi, Carlota, pois foi anssim qui foi.

CARLOTA

Mas tu num mi disse, Pierrô, qui tinha um quera munto mais benfeito qui us otro?

PIERRÔ

Tem. É próprio o patrão. Deve sê um senhorão – tem us vestido tudo de oro, di alto in baxo. I us qui servem ele tamém são sinhor dus grandi. Mas pur mais sinhoris que elis fosse já num eram nada si nós não estivesse lá pra salvá elis.

CARLOTA

(Em dúvida) Péra lá, home.

PIERRÔ

Sim, sinhora. Sem di nóis, já tavam cumendo terra. Craro, dispois de bebê toda água.

CARLOTA

I elis inda tá lá na tua cabana todu nu, Pierrô?

PIERRÔ

Já não. Os otro vestiro eli todo ali mesmu in frenti di nóis. Meu céu!, nunca vi ninguém se vesti tanto. Quantas história i penduricalho elis bota em cima, esses fedalgo! Si fosse eu tinha mi perdidu nessas ropa e nunca mais saído delas. Istava mesmo bestalhado. Sabe, Carlota, elis tem até cabelo qui não são grudado na cabeça. Botam pur cima di tudo cumo uma crapuça feita toda di cachinho. I as camisa tem manga tão larga que dá pra caber tu e eu, inda convidá mais uma otra pessoa. Inveis di calça tem uma ispéce di avental, grandi qui Deus mi livre, inveis di culete, usam um culetinho qui a gente nim sabe qui é. Metem inda umas manga em cima das manga, fita e mais fita, e inda mais fita – fica uma coisa de dá dó. Tem fita até nos sapato i os sapato tem sarto tão arto (salto tão alto) que eu na certa caía delis si cunseguissi assubí nelis.

CARLOTA

Meu Deus du céu, Pierrô, tenho que i lá, dá uma olhada nisso.

PIERRÔ

Iscuta inda un poco, Carlota. Tem mais pra te dizê.

CARLOTA

Vamo intão. Diz lá u qui é.

PIERRÔ

Você vê, Carlota, tenho qui desabafá meu coração.

Eu ti amu, tu sabi muito bem, i estamo pra casá os dois juntos; mas, pelo endemoinhado!, juro qui num estô satisfeito cuntigo.

CARLOTA

I porquemente? Qui é qui tu reclama?

PIERRÔ

Sinto que tu mi faz ficá dun jeito; francamente, tu me aflege.

CARLOTA

Aflejo como?

PIERRÔ

Eh, miséria – tu não mi ama.

CARLOTA

Ah, i é só isso?

PIERRÔ

Cumo si não abastasse.

CARLOTA

Mas, Pierrô, tu mi vem sempre cum a mesma?

PIERRÔ

Eu ti digo sempri u mesmu, pruquê sintu sempri u mesmo. Si sintisse uma otra coisa eu dizia uma otra coisa.

CARLOTA

Mas qui é qui ti falta? Qui é qui tu qué?

PIERRÔ

Raios! Quero que tu mi ami!

CARLOTA

I eu num ti amu?

PIERRÔ

Não. Tu num mi ama mesmu. I eu faço tudo que posso pra consegui isso. Ti compro, sem pechinchá no preço, tudo que é fita que encontro nos tendero. Arrisco meu pescoço pra pegá passarinho nas arvres. No teu aniversário chamo os violero pra animá tua festa. I qui adiantô tudo? Dô sempre com a cara no muro. Vê bem; num é bunito nim honesto num amá quem nus ama.

CARLOTA

Mas, nossa Mãe, eu também ti amu.

PIERRÔ

Tu mi ama meio di esguelha.

CARLOTA

I qui diabo damor você qué de mim?

PIERRÔ

Eu queru um amô de frente, qui a gente vê na cara.

CARLOTA

Num ti amo cumo si ama?

PIERRÔ

Não. Quano é assim, si vê logo. Os qui ama tão sempre fazendu reclamação, i queixa, pur si querê bem. Num passam um peloutro sem reclamar alguma. Vê só a Tomasona como está toda boba pelo tal Pasqualino. Stá in volta deli sempre, aborrecendo ele – o pobre num tem paz. Não tem macriação qui ela num faz e nem nunca passa por ele sin um empurrão. Notro dia eu vi quando ele stava trepado na escada i ela empurrou ele com força e lhi deu um trambolhão. Caramba, é assim que faz as pessoas qui si ama. Mas tu, tu num mi diz uma palavra, é mais fácil eu me entendê cum um pedaço de pedra. Posso passá dez vez na tua frente que tu num mi dá nim um empurrão i nim mi faz nenhuma ofensa. Raios mi parta! Num é assim qui si tem amô – pra mim é muito frio.

CARLOTA

Qué qui você qué qui eu faço? Meu jeito é assim – eu num posso mudá.

PIERRÔ

Quim é assim, pode bem sê assado. O amô muda o jeito e faz o desjeito.

CARLOTA

Stá bem. Ti amo tudo qui eu posso. I si você num stá satisfeito com esse tanto é melhor você tratá di amá otra.

PIERRÔ

Vê qui stô cum a razão? Si tu mi amava tu me falava assim?

CARLOTA

Também tu não para di mi aponquetá.

PIERRÔ

Que inferno! Eu só ti peço um naco di carinho.

CARLOTA

Tá bem! Mas num mi apressa! Pode sê que isso venha, num repente, quando meno eu pensá.

PIERRÔ

(Estende a mão, num gesto simbólico de reconciliação) Toca!

CARLOTA

Stá bem! *(Tocam-se as mãos)*

PIERRÔ

Promete qui vai fazê força di me querê bem.

CARLOTA

Vou fazê tudo que pudé mas isso só vem de onde eu num sei. Pierrô, é aquele, o fedalgo?

PIERRÔ

É ele.

CARLOTA

Oh, minha Madona, como é bonito esse sinhô! Era uma disgraça eli ter si afogado.

PIERRÔ

Vorto logo. Vou tomá um trago pra mi animá um pouco dipois dessa cansera.

CENA II

Don Juan, Leporelo e Carlota

(No fundo da cena)

DON JUAN

Nosso golpe falhou, Leporelo. A tempestade imprevista, que afundou nosso barco, afundou também o nosso plano. Mas, pra dizer a verdade, a camponesa que acabei de ver compensa de longe essa desgraça. É tão fascinante que parece até uma reparação que o destino me oferece pelos temores e riscos do meu fracassado projeto. Não posso deixar que esse peixão me escape; já preparei tudo para não ter que ficar muito tempo suspirando por ela.

LEPORELO

Confesso, senhor, que o senhor me assombra. Apenas escapados de um perigo de morte, em vez de render graças a Deus pela compaixão que ele teve de nós, o senhor se empenha em atrair novamente a cólera divina, com seus habituais devaneios, seus amores crimino... *(Don Juan assume ar ameaçador)* Cala-te boca! Você não sabe o que diz; e o senhor sabe o que faz.

DON JUAN

(Percebendo Carlota) Ah! Ah! De onde surgiu essa beldade, Leporelo? Você já viu na vida beleza mais bonita? Não acha que essa aí vale bem mais que a outra?

LEPORELO

Não tenho a menor dúvida. *(À parte)* Mais um peso de carne fresca.

DON JUAN

(A Carlota) De onde me vem a beleza, um encontro tão agradável? É sempre assim aqui? Nestes prados, neste campo, nestas árvores e montes há muitas mocinhas assim como você?

CARLOTA

É como vê, senhor.

DON JUAN

Você mora nesta aldeia?

CARLOTA

Nasci aqui, senhor.

DON JUAN

E... tem um nome?

CARLOTA

Carlota, senhor, para o servir.

DON JUAN

Sabe, você é uma beleza rara; e seus olhos penetrantes me penetram.

CARLOTA

Me deixa envergonhada, cavalheiro.

DON JUAN

Vergonha de ser assim tão bela? Vergonha de ouvir uma verdade? Tenho ou não tenho razão, Leporelo? Já viu em algum lugar coisa mais agradável? Vire-se um pouco, assim, por favor, assim... Ah, que talhe de cintura, que requebro! Erga um pouco a cabeça, por favor. Isso! Que rosto carinhoso! Agora abra bem os olhos. Mas que olhar de abismo! Deixa eu ver os dentes, deixa – só mais isso. Ah, impossível não amá-los, dentro desses lábios umidinhos. A mim mesmo, e a todos os presentes, me declaro fascinado: pois jamais vi mulher tão fascinante.

CARLOTA

Senhor, o senhor parece gostar de dizer essas coisas, mas acho que é só pra zombar de mim.

DON JUAN

Eu, zombar de você? Deus me livre! Vi-a e amei-a desde logo. Quem diz isso não sou eu.

CARLOTA

Não?

DON JUAN

É meu coração.

CARLOTA

Se é assim sincero, lhe agradeço muito.

DON JUAN

Por quê? Não tem que agradecer pelo que digo. Eu é que estou agradecido por me deixar olhá-la.

CARLOTA

O que o senhor fala é bonito pra mim e eu nem tenho espírito de lhe responder.

DON JUAN

Leporelo, olha só essas mãos.

LEPORELO

Deus do céu, que sujeira. As unhas estão pretas.

DON JUAN

Que é que você está dizendo? São as mãos mais bonitas do mundo; permita que eu as beije.

CARLOTA

Senhor, me faz honra demais – se eu adivinhasse tinha lavado as mãos com areiol.

DON JUAN

Me diz aqui, Carlota, você não é casada, é?

CARLOTA

Não, senhor, mas sou prometida de Pierrô e logo, logo vou casar com ele. É o filho da vizinha Simoneta.

DON JUAN

Não é possível! Uma moça assim como você casar com um simples camponês? Não, não; isso é profanar tanta beleza. Você não foi feita pra viver numa aldeia. Não há dúvida alguma de que merece um destino melhor. E o Céu, que tudo sabe, me enviou aqui justamente para impedir esse enlace e fazer justiça a seus encantos. Porque, enfim, minha linda Carlota, simplificando, eu te amo de todo o coração e não depende de mais nada senão da tua vontade que eu te tire deste lugar miserável para te colocar na posição que você merece. Você suspeitará talvez de um amor assim tão súbito, mas isso é apenas efeito natural de tua extraordinária beleza. Em apenas dez minutos você provocou em mim uma paixão de seis meses.

CARLOTA

Uma verdade, senhor, é que não sei como fazer ouvindo o senhor falar. O que o senhor diz me agrada muito e queria acreditar em tudo. Mas sempre me ensinaram que não se deve acreditar nos cavalheiros, porque todo fidalgo é um enrolador que só quer enganar as raparigas.

DON JUAN

Eu não sou desses.

LEPORELO

(À parte) Ele é esse!

CARLOTA

O senhor sabe que a gente não gosta de ser enganada. Eu sou uma moça pobre, camponesa, minha honra é a minha recomendação. Eu preferia morrer do que ser desonrada.

DON JUAN

E vê em mim, olhe bem!, uma alma tão perversa que queira abusar de uma pessoa como você? Pareço tão infame – olhe bem! – que queira desonrá-la? Não, não, minha consciência é terrível, não me deixaria fazer nada nem sequer parecido. Eu te amo, Carlota; quero você honestamente. E para mostrar que falo a verdade, saiba que tenho a intenção de me casar contigo. Posso te oferecer prova maior? Estarei pronto quando você estiver, casarei contigo quando você quiser – e este homem é testemunha fiel da palavra que empenho.

LEPORELO

Testemunho, não tenha receio. Ele casa consigo assim que não entender.

DON JUAN

Ah! Carlota, sei bem que você mal me conhece. Mas

me causa infinita tristeza perceber que me julga pelos outros; há tratantes no mundo, e não são poucos, patifes cujo único objetivo na vida é abusar das donzelas. Mas não me ponha entre eles – não duvide da sinceridade do que digo. E, além disso, sua própria beleza a protege de tudo. Quando se é feita como você, assim, pode-se estar acima de todos os temores; com essa pureza de ser, me acredite, você não tem o ar de quem se abusa. E, quanto a mim, esteja certa, daria mil punhaladas no meu próprio peito, se sentisse, mesmo em pensamento, a menor tentação de te trair.

CARLOTA

Ai, meu bom Deus! Não sei se o senhor fala verdade ou se fala mentira; mas, da maneira que diz, tudo vira verdade. Tudo que eu queria era acreditar.

DON JUAN

Pois então me acredite, me conheça melhor, e me faça justiça, que neste mesmo momento lhe renovo a promessa de levá-la ao altar; não quer, não consente em ser minha mulher?

CARLOTA

Consinto, quero, e aceito *(Pausa)*. Se minha tia aceitar.

DON JUAN

Então, feito *(Estende a mão)*. Carlota, sua tia não vai recusar o que você me consente.

CARLOTA

Mas, senhor, por favor, não me engane – eu caso com o senhor e sua consciência casa com minha boa-fé.

DON JUAN

Mas como? Duvida ainda da minha sinceridade? Quer arrancar de mim algum juramento terrível? Pois que o Céu, então...

CARLOTA

Pelo amor de Deus, não jura! Eu acredito.

DON JUAN

Agora, então, um beijinho para selar nosso compromisso.

CARLOTA

Ah, não, senhor; depois do casamento eu o beijarei quantas vezes quiser.

DON JUAN

Pois bem, linda Carlota. Eu só quero o que você quer; mas me dá pelo menos tua mão pra que eu demonstre com mil beijos toda a minha sinceridade.

CENA III

Don Juan, Leporelo, Pierrô e Carlota

PIERRÔ

(Se metendo entre os dois, empurrando Don Juan) Hei, hei, divagar, seu fedalgo – divagar com a louça. O senhor está-se insquentando muito i podi pegar uma inflaação.

DON JUAN

(Empurrando Pierrô com força) De onde é que me saiu esse insolente?

PIERRÔ

(Se metendo entre Don Juan e Carlota) Lhe digo-lhe de pra se contivér e não fazer cosquinhas nas nossas noivas.

DON JUAN

(Continuando a empurrar Pierrô) Ah, pare com essa barulhada!

PIERRÔ

Barulhada é a sua! Num s'impurra assim um cidadão!

CARLOTA

(Segurando Pierrô pelo braço) Para cum isso, Pierrô!

PIERRÔ

Para cum quê? Eu é que paro? Ele é qui para! Num paro não!

DON JUAN

Ah!

PIERRÔ

Ora, Nossinhô! Só pruque o sinhô é um fedalgo pensa qui podi bailiná nossas mulhér nas nossas barba? Vai cariciá as sua!

DON JUAN

Rahhhh!

PIERRÔ

Rahhhhh, o sinhô. *(Don Juan lhe dá um tabefe)* Disgranido! Na cara não! *(Don Juan lhe dá outro tapa)* Trigranido! *(Terceira bofetada)* Seisgranido! Asqueroso! Num se bati assim na gente honesta! Nim isso é ricumpensa pur eu ter lhi desafogado.

CARLOTA

Pierrô, não se aburreça.

PIERRÔ

Mas eu queru mi aburrecê! I tu é uma velhaca di ti permiti que essi daí mi chifra!

CARLOTA

Oh, Pierrô, num é isso qui tu pensa. Esse sinhor quer se casar cumigo, não qué te chifrá não.

PIERRÔ

Comé? Tu num é minha prumetida?

CARLOTA

Mãs, e intão, Pierrô? Sô tua prometida pruquê tu mi ama. E se tu mi ama tem di ficar alegre d'eu virá uma senhora.

PIERRÔ

Vai pru inferno! Prifiro ti vê morta du que nas mão di otro.

CARLOTA

Vai, vai! Pierrô! Não sejaí temoso. Si eu fô sinhora você vai ganhá bastanti. O quejo i a mantega você é qui vai fornecê.

PIERRÔ

Mas qui sacripantagi! Nunquinha qui eu forneçu. Nim se você me pagava o dobro. I intão é assim? Tu tá iscutano i acreditano in tudo deli? Que porcaria! Si eu sobesse antis eu ficava só olhando e nunca que ia tirá eli lá di dentro dágua. Se fosse ajudá era cum uma boa remada na cabeça.

DON JUAN

(Se aproximando de Pierrô para bater de novo) Que é que você disse?

PIERRÔ

(Escondendo-se atrás de Carlota) Sacripanta! Eu num tenhu medu di ninguém!

DON JUAN

(Passando pro lado de Pierrô) Espera um pouco!

PIERRÔ

(Passando pro outro lado de Carlota) Acho o sinhô um palhaço!

DON JUAN

(Tentando pegar Pierrô) Pois vou lhe fazer rir!

PIERRÔ

(Passando pro outro lado de Carlota) E num achu graça!

DON JUAN

Te pego!

LEPORELO

Ah, senhor, deixa pra lá o pobre desgraçado! Se bater nele vai ficar com a consciência pesada. *(A Pierrô, se metendo entre Don Juan e ele)* Escuta, meu pobre rapaz, vai embora. Não diz mais nada.

PIERRÔ

(Passa em frente a Leporelo e olha Don Juan com raiva) Mas uma coisa eu vô dizê!

DON JUAN

(Levanta o braço para esbofetear Pierrô. Este baixa a cabeça. Leporelo recebe a bofetada) Toma, pra aprender!

LEPORELO

(Olhando Pierrô abaixado) Maldito chifrudo!

DON JUAN

(A Leporelo) Eis o prêmio da tua caridade!

PIERRÔ

Disgraçada, isso num fica assim. Vou já contá pra tua tia tudu qui acuntéci aqui.

DON JUAN

(A Carlota) Enfim, serei o homem mais feliz do mundo. Não trocaria minha felicidade por tudo o mais que tem esse mundo. Que gozo extremo quando eu a tornar minha mulher. E que...

CENA IV

Don Juan, Leporelo, Carlota e Marturina

LEPORELO

(Percebendo Marturina) Ah! ah!

MARTURINA

(A Don Juan) Cavalheiro, que é que o senhor faz

aqui com Carlota? Será que o senhor também fala de amor com ela?

DON JUAN

(Baixo, a Marturina) Nããão... Pelo contrário. Ela é que meteu na cabeça que deve ser minha mulher e eu estava justamente lhe comunicando o meu compromisso com você.

CARLOTA

(A Don Juan) Que diabo quer essa Marturina?

DON JUAN

(Baixo, a Carlota) Ela está com ciúme de me ver falando com você – quer que eu me case com ela. Mas eu lhe disse que só amo você.

MARTURINA

O quê? Carlota?

DON JUAN

(Baixo, a Marturina) Tudo que eu disser a ela é inútil; meteu isso na cabeça e ninguém tira.

CARLOTA

Como é que pode a Marturina...?

DON JUAN

(Baixo, a Carlota) É bobagem você falar com ela; não arreda um passo dessa fantasia.

MARTURINA

Será possível que...?

DON JUAN

(Baixo, a Marturina) Não há modo de convencê-la. Perdeu completamente a razão.

CARLOTA

Eu só queria que...

DON JUAN

(Baixo, a Carlota) É mais obstinada do que dez muares.

MARTURINA

Realmente...

DON JUAN

(Baixo, a Marturina) Não lhe dirija a palavra. Está doida.

CARLOTA

Eu acho...

DON JUAN

(Baixo, a Carlota) Esquece a pobre – é uma extravagante.

MARTURINA

Não, não; é preciso que eu lhe fale.

CARLOTA

Quero saber o que que essa aí pretende.

MARTURINA

O quê?...

DON JUAN

(Baixo, a Marturina) Aposto que ela vai dizer que prometi casar com ela.

CARLOTA

Eu...

DON JUAN

(Baixo, a Carlota) Vai jurar que eu lhe dei certeza de que será minha mulher.

MARTURINA

Oh, Carlota, é muito feio querer pegar nos ovos da galinha alheia.

CARLOTA

E você acha bonito, Marturina, essa ciumeira toda só porque o senhor me fala?

MARTURINA

Acontece que ele me viu primeiro.

CARLOTA

Ele viu você primeiro mas me viu segundo e prometeu casar comigo.

DON JUAN
(Baixo, a Marturina) Eu não disse?

MARTURINA
Ora, vai passear! Foi cumigo, não cuntigo, que ele se comprometeu.

DON JUAN
(Baixo, a Carlota) Eu não te avisei?

CARLOTA
Conta outra, por favor – ele escolheu a mim, não a ti.

MARTURINA
Você tá brincando! Ele escolheu foi a mim, eu te repito!

CARLOTA
Mas ele está aí – pode dizer se eu não tenho razão.

MARTURINA
Ele está aí pra te desmentir – você vai ver só.

CARLOTA
É verdade, senhor, que o senhor prometeu casar com ela?

DON JUAN
(Baixo, a Carlota) Está brincando comigo?

MARTURINA

É mesmo, senhor, que prometeu a ela de ser seu marido?

DON JUAN

(Baixo, a Marturina) Como é que você pode pensar uma coisa dessas?

CARLOTA

Mas ela afirma e refirma.

DON JUAN

(Baixo, a Carlota) Pois deixa ela refirmar.

MARTURINA

Mas o senhor vê que ela agarante!

DON JUAN

(Baixo, a Marturina) Deixa ela agarantir.

CARLOTA

Não, não! Temos de saber a verdade.

MARTURINA

E decidir isso agora.

CARLOTA

Muito bem, Marturina; o senhor vai mostrar a tonta que você é.

MARTURINA
Ele fala; você cala o bico.

CARLOTA
Por favor, meu senhor, é lá ou cá essa questão?

MARTURINA
É com o senhor, senhor, desempatar o jogo.

CARLOTA
(A Marturina) Você vai ver.

MARTURINA
(A Carlota) Escuta só.

CARLOTA
(A Don Juan) Fala.

MARTURINA
(A Don Juan) Diga.

DON JUAN
(Embaraçado, falando às duas. Seus gestos se referem, sempre dubiamente, às duas. Vai se dirigindo a uma e outra todo o tempo.) Que é que vocês querem que eu diga? Ambas garantem que eu lhes prometi casamento. Mas será que nenhuma das duas sabe o que é, ou significa, uma promessa, sem que eu tenha que explicar? Por que me obrigar – sinto-me bem constrangido! – a repetir tudo que já te disse anteriormente? Se

realmente me comprometi, você não está suficientemente segura para fazer pouco, ou até mesmo rir das pretensões da outra? Por que se preocupar à toa com a ilusão alheia? Admito mesmo, o que acho até bem ofensivo, que se preocupe com o futuro imediato – se vou, ou não vou, cumprir minha promessa. Discursos, explicações, palavras – isso em nada adianta. Se você crê em minha promessa, nenhuma repromessa é necessária. Se já não crê, que adianta eu te milprometer? Não grito alto teu nome porque a outra poderá frustrar nossa felicidade. Quero que você fique em paz. No dia de nosso casamento você poderá se rir da pretensão da outra. Lamentar que ela tenha sido tão tola. Cumprir, não falar – o fim feliz confirmará minha promessa. *(Baixo, para Marturina)* Deixe ela acreditar que é ela; não vai atrapalhar. *(Baixo, para Carlota)* A coitada se ilude. Vai ficar calma. *(Baixo, para Marturina)* Eu te adoro. *(Baixo, para Carlota)* Eu sou todo teu. *(Baixo, para Carlota)* Nem posso olhar as outras, desde que te vi. *(Baixo, para Marturina)* A mais linda é feia, perto de ti. *(Alto)* Bem, tenho que tomar algumas providências. Mas dentro de quinze minutos estarei de volta. *(Sai)*

CENA V

Carlota, Marturina e Leporelo

CARLOTA

(A Marturina) Como você vê, sou a que ele ama.

MARTURINA

(A Carlota) Como você não vê, ele vai casar comigo.

LEPORELO

Ah, pobres meninas, tenho pena de ver tanta inocência. Não posso aguentar ver vocês arrastadas para a infelicidade. Creiam-me, uma e outra *(imita um pouco a mímica dúbia de Don Juan)*; não se deixem enganar pelos discursos que lhes fazem, e continuem vivendo em sua aldeia. No seu mundo. O mundo não vale a sua aldeia.

CENA VI

Don Juan, Carlota, Marturina e Leporelo

DON JUAN

(No fundo, à parte) Gostaria muito de saber por que Leporelo não me acompanha.

LEPORELO

(Às mulheres) Esse meu patrão é um salafrário. Está tentando apenas abusar de vocês, como já abusou de tantas outras. Casa com todas, com a humanidade inteira. *(Vê Don Juan)* Isso é falso, completamente falso. A qualquer um que lhes vier com essa infâmia vocês têm que reagir dizendo que está espalhando uma deslavada mentira. Não é verdade que meu senhor case

com todas, não tem nada de salafrário, não tem a menor intenção de enganá-las, e jamais enganou ninguém. Ah!, olha, aí está ele. Perguntem a ele mesmo.

DON JUAN

(Olhando firme para Leporelo e suspeitando do que ele falou) O que é que foi?

LEPORELO

Senhor, como o mundo é cheio de maledicentes, eu estava procurando me adiantar a eles. Ensinava às raparigas as coisas malévolas que poderiam dizer a seu respeito, e como deveriam reagir a essas safadezas. Não acreditando em nada do que ouvirem, claro, e dizendo ao mentiroso o que ele é.

DON JUAN

O que é que ele é?

LEPORELO

Um mentiroso.

DON JUAN

Leporeeelo!

LEPORELO

(À Carlota e Marturina) Mocinhas, podem confiar, eu lhes dizia, meu senhor é um homem de palavra!

DON JUAN

Ehh!

LEPORELO

Só os difamadores de sempre...

CENA VII

*Don Juan, La Ramée, Carlota,
Marturina e Leporelo*

LA RAMÉE

(Baixo, a Don Juan) Don Juan, venho avisá-lo de que o ar aqui nesta região não está muito bom para o senhor.

DON JUAN

Como assim?

LA RAMÉE

O senhor está sendo procurado por doze homens a cavalo. Devem chegar a qualquer momento; não sei como conseguiram localizar onde o senhor estava. Eu soube por um camponês português que foi interrogado por eles e ao qual descreveram exatamente o senhor. O tempo é curto – a cada minuto que o senhor ficar aqui o perigo aumenta.

CENA VIII

Don Juan, Carlota, Marturina e Leporelo

DON JUAN

(A Carlota e Marturina) Um negócio urgentíssimo me obriga a partir; mas não esqueço de modo algum a palavra que empenhei; e amanhã mesmo mandarei notícias minhas. *(Carlota e Marturina se afastam)*

CENA IX

Don Juan, Leporelo

DON JUAN

Como a jogada é desigual preciso usar um estratagema que evite a desgraça que se aproxima. Você, Leporelo, vestirá as minhas roupas e eu...

LEPORELO

Está brincando, meu senhor. Seria até desrespeito morrer nas suas roupas.

DON JUAN

Depressa, vamos. Não é um desrespeito – é uma honra que te concedo. Afortunado o servo que pode atingir a glória de morrer por seu senhor.

LEPORELO

Agradeço-lhe pela honra que me concede. *(Só)* Mas, meu Deus, se devo morrer, pelo menos dá-me a graça de morrer como eu mesmo.

TERCEIRO ATO

Uma floresta, próxima do mar, não longe da aldeia.

CENA I

Don Juan, em hábito de campo, Leporelo, vestido de médico.

LEPORELO

Deve concordar, senhor, que eu tinha razão – desta forma estamos, um e outro, maravilhosamente disfarçados. Seu primeiro projeto não ia funcionar bem, e assim estamos mais irreconhecíveis do que apenas trocando nossas roupas.

DON JUAN

É verdade, rapaz, em matéria de ridículo nunca vi nada tão magnífico. Onde você arranjou esse traje?

LEPORELO

Era de um velho médico que teve que o empenhar para comer. Me custou um saco de dinheiro. Esta roupa, o senhor sabe, dá consideração e prestígio. Todo mundo que passa por mim me cumprimenta e algumas pessoas até me consultam sobre suas mazelas.

DON JUAN

Como assim?

LEPORELO

Cinco ou seis camponeses pediram que eu tratasse deles – cada um com doença diferente.

DON JUAN

E você lhes explicou que não entendia nada de doenças. Confessou que era apenas um farsante de passagem.

LEPORELO

Eu? De modo algum. Acredito piamente que o hábito faz o monge. Discursei sobre cada uma das doenças, e a cada um dos doentes prescrevi os bálsamos e unguentos que achei condizentes.

DON JUAN

E que remédios foram esses?

LEPORELO

Nem me lembro. Fui dizendo ao acaso. E acho que seria muito engraçado se todos ficassem bons e viessem aqui, saltitantes, me beijar a mão.

DON JUAN

E por que não? Por que você não poderia obter os mesmos resultados e os mesmos agradecimentos que os outros médicos obtêm? Eles não contribuem mais do que você para a cura dos doentes – tudo que fazem é um jogo de cena. E recebem a glória de curas extraordinárias atribuindo a seus remédios o que vem dos mistérios do acaso.

LEPORELO
Como, senhor, não acredita sequer na medicina?

DON JUAN
É uma doença como outra qualquer.

LEPORELO
O senhor acha? Não crê nem nos laxativos, nem nos diuréticos, nem nos vomitórios?

DON JUAN
Deveria acreditar?

LEPORELO
O senhor tem uma alma realmente desacreditada. Pois eu já vi laxativos produzindo resultados com grande fragor. Milagres que converteram os espíritos mais incrédulos. Eu próprio, não tem três semanas, sou eu quem lhe falo, assisti a um efeito maravilhoso.

DON JUAN
Foi? Como foi?

LEPORELO
Havia um homem que já estava agonizando há mais de uma semana. Ninguém sabia mais o que lhe receitar. Nenhum remédio mais surtia efeito. No fim alguém resolveu lhe dar um vomitório.

DON JUAN
E ele saltou da cama, vivo!

LEPORELO

Não. Morreu.

DON JUAN

Efeito admirável.

LEPORELO

O senhor não acha? O homem estava tentando morrer há mais de uma semana. Tomado o remédio, morreu de uma assentada. O senhor já viu algo mais eficaz?

DON JUAN

É, pensando bem...

LEPORELO

Mas vamos deixar a medicina – não adianta nada, o senhor não acredita mesmo – e tratar de outras coisas. Acho que este hábito me aguça a inteligência e me dá vontade de discutir com o senhor. Lembre-se de que o senhor me autorizou qualquer discussão, me proibindo apenas restrições e censuras.

DON JUAN

Pois bem!

LEPORELO

Gostaria muito de conhecer seu pensamento a fundo. O senhor não acredita no Céu?

DON JUAN

Salta essa.

LEPORELO

Bom... E no inferno?

DON JUAN

Eh! Eh!

LEPORELO

(À parte) Vide resposta anterior. *(Alto)* E o diabo, por favor?

DON JUAN

Bem, bem...

LEPORELO

(À parte) Acho que quer dizer salta essa também. *(Alto)* Crê em outra existência?

DON JUAN

Ah! Ah! Ah!

LEPORELO

É, o senhor me parece um homem difícil de converter. Bom, me diz aqui, qual é sua opinião sobre almas penadas?

DON JUAN

Que o diabo as carregue.

LEPORELO

(À parte) Essa descrença eu não posso aceitar. Não

há nada mais vivo do que uma alma penada. *(Alto)* A gente tem que acreditar em alguma coisa neste mundo – em que coisa o senhor acredita?

DON JUAN

Em que coisa eu acredito?

LEPORELO

A pergunta é essa.

DON JUAN

Eu acredito que dois e dois são quatro, Leporelo, e que quatro e quatro são oito.

LEPORELO

Bela crença, essa aí! Então, pelo que vejo, sua religião é a aritmética? É preciso reconhecer que a cabeça humana engendra tremendas besteiras. E que, em geral, quanto mais estudamos mais obtusos ficamos. Pois, comigo, que graças a Deus não estudei como o senhor, ninguém pode vangloriar-se de ter me ensinado nada. Mas, com meu diminuto bom-senso e meu parco entendimento, vejo as coisas melhor do que todos os livros, e compreendo muito bem que este mundo que vemos não é um cogumelo que nasce sozinho no meio da noite. Eu gostaria muito de lhe perguntar quem fez essas árvores, essas rochas, essa terra, e esse céu que está lá em cima ou se todas essas coisas se fizeram sozinhas. O senhor, por exemplo, o senhor está aí, não está? O senhor se fez sozinho? Para o senhor ser feito não foi preciso seu pai engravidar sua mãe? Quando o senhor vê todas a invenções das quais se compõe a máquina homem, o senhor não se admira pela maneira como todas as peças se ajustam umas nas outras? Estes nervos, estes ossos, estas veias, estas artérias, estes... o pulmão, o coração, o fígado, e todos esses ingredientes que estão aqui e... Oh, danação, me interrompe um pouco, por favor. Ninguém pode discutir sem interrupção. O senhor fica calado de propósito – é de maldade que me deixa falar sozinho.

DON JUAN
Espero que você termine o raciocínio.

LEPORELO
Meu raciocínio é que, diga o senhor o que quiser, existe no homem uma coisa maravilhosa que nenhum sábio é capaz de explicar. Não é maravilhoso que eu tenha algum mistério na cabeça que me faz pensar cento e oitenta e quatro coisas diferentes ao mesmo instante? E é capaz de fazer do meu corpo o que bem quer? Eu bato palmas, levanto os braços, ergo meus olhos para o céu, abaixo a cabeça, sapateio, vou pra direita, ou pra esquerda, pra frente, pra trás, giro... *(Girando, cai no chão)*.

DON JUAN
Pronto, teu raciocínio acaba de quebrar a cara.

LEPORELO
Desgraçado eu, por estar aqui tentando argumentar com o senhor. Creia em tudo ou em nada do que bem

entender – a mim pouco me importa que o senhor vá para o inferno.

DON JUAN

Mas, raciocinando tanto, acho que nos perdemos. Chama aquele homem lá embaixo e pergunta o caminho.

LEPORELO

Olá! Olhe! O senhor aí! Tiozinho, vem cá! Amigo, uma palavrinha só!

CENA II

Don Juan, Leporelo, Pobre

LEPORELO

Compadre, por favor, pode me indicar a estrada da aldeia?

POBRE

Os senhores só têm que ir em frente. Quando chegarem no fundo do bosque, viram à direita e pronto. Mas aconselho a tomarem cuidado, porque de uns tempos pra cá isso está cheio de assaltantes.

DON JUAN

Te digo muito obrigado, amigo, sou seu devedor, do fundo do coração.

POBRE

O senhor não podia me pagar com uma pequena esmola?

DON JUAN

Ah, quer dizer que teu auxílio não foi desinteressado?

POBRE

Sou um pobre-diabo, meu senhor. Há dez anos vivo solitário neste bosque. Mas ainda vou viver muito para rogar aos Céus que o cumule de bens.

DON JUAN

Eu acho que antes de pedir pros outros você devia ver se ele te arranja um bom casaco.

LEPORELO

Bom homem, você não conhece o meu senhor; ele só acredita numa coisa: dois e dois são quatro e quatro e quatro, oito. Não admite nem que sejam quarenta e quatro.

DON JUAN

E qual é a tua ocupação no meio dessas árvores?

POBRE

Rogo a Deus todos os dias para que proteja os homens de bem e que dê a eles em dobro tudo o que me dão.

DON JUAN
Opa! Você deve estar muito bem de vida.

POBRE
Pobre de mim! Vivo na maior miséria deste mundo.

DON JUAN
Você está brincando... rezando todo dia – o dia todo?

POBRE
Sim, senhor, o dia todo.

DON JUAN
Pois é, rezando assim e recebendo a metade do que os outros recebem, você não pode andar mal de vida.

POBRE
Eu lhe garanto, bom senhor, que a maior parte das vezes não tenho nem um pedaço de pão para botar na boca.

DON JUAN
É, você está cuidando muito mal de seus negócios. Bom, mas toma aqui: vou te dar agora mesmo um luís de ouro *(o mendigo vai pegar, ele não entrega)*... desde que você diga uma blasfêmia.

POBRE

Por que, senhor, deseja que eu cometa tal pecado?

DON JUAN

Porque você precisa trabalhar, fazer alguma coisa para merecer um pagamento. O luís está aqui. Blasfema e ele é teu. Não quer? *(Faz que põe o luís no bolso)*

POBRE

Senhor...

DON JUAN

Quem não blasfema não tem pão.

LEPORELO

Vai, vai – blasfema. Depois você lava a boca.

DON JUAN

Olha, está aqui. Lindo. Dourado. É teu. *(O pobre estende a mão)* Mas blasfema.

POBRE

Não, meu senhor, prefiro morrer de fome.

DON JUAN

Vai, toma! Eu te dou, pelo amor da humanidade. Mas, que é aquilo ali? Um homem atacado por três? Que luta mais desigual! Não posso permitir tal covardia.

CENA III

LEPORELO *(Só)*

Esse meu amo é mesmo um louco em se expor a um perigo que nem mesmo o procurou. Mas, que habilidade, que coragem – os três vagabundos estão fugindo.

CENA IV

Don Juan, Don Carlos e Leporelo

DON CARLOS

(Espada na mão) A fuga desses salteadores é devida ao valor de sua espada. Aceite, senhor, meus maiores agradecimentos por uma ação tão generosa, que...

DON JUAN

(Reentrando, espada na mão) Não fiz nada, senhor, que o senhor não tivesse feito em meu lugar. Em situações como essa nossa honra está igualmente comprometida. Senão acabarão invadindo nossos palácios. E a ação desses canalhas foi tão covarde que não atacá-los equivalia a defendê-los. Mas por que circunstâncias o senhor caiu no meio deles?

DON CARLOS

No caminho, por acaso, me perdi de um irmão e de minha comitiva. Quando procurava reencontrá-los deparei com esses bandidos. Que imediatamente mataram o meu cavalo e teriam feito o mesmo comigo não fosse a sua valentia.

DON JUAN
Ia em direção da cidade?

DON CARLOS
Ia. Mas não pretendia entrar. Somos forçados, meu irmão e eu, a permanecer no campo, por um desses acontecimentos infelizes que obrigam fidalgos a sacrificar, a si mesmos e suas famílias, às duras e discutíveis exigências da honra. Nessas circunstâncias, mesmo o mais recompensador sucesso é funesto, pois, se não se perde a vida, é-se obrigado a abandonar o reino. Nisso eu acho desgraçada a condição de um gentil-homem; seja qual for a probidade e retidão de sua conduta, não pode escapar às leis da honra, estabelecidas pelo comportamento dos patifes. Assim, vê sua existência, seus bens, e sua tranquilidade, dependentes do capricho do primeiro temerário resolvido a afrontá-lo com uma dessas ofensas pelas quais se estabeleceu que um fidalgo deve arriscar a vida.

DON JUAN
Mas temos a contrapartida. Pensarão sempre duas vezes os que são dados ao capricho de ofensas levianas. Sabem que, inapelavelmente, terão os mesmos maus momentos e correrão os mesmos riscos de vida que corremos. Mas seria muita indiscrição querer saber exatamente o que se passa?

DON CARLOS

As coisas chegaram a tal ponto que nem é mais o caso de fazer segredo. Quando a ofensa vem a público – e isso nunca demora – a honra não está mais em ocultar nossa vergonha mas, ao contrário, em divulgar nosso propósito de uma vingança arrasadora. Por isso, cavalheiro, não lhe esconderei que a ofensa de que vamos nos vingar – com a morte do vilão! – foi feita a uma irmã, seduzida e raptada de um convento. O autor dessa infâmia é um certo Don Juan Tenório, filho de Don Luís Tenório. Nós o procuramos há alguns dias. Esta manhã, seguindo indicações de um camponês que nos disse tê-lo visto a cavalo dentro deste bosque, seguido de mais uns quatro ou cinco, viemos parar aqui. Mas todas as nossas batidas resultaram inúteis – realmente não sabemos onde o demônio se escondeu.

DON JUAN

E o senhor o conhece, esse Don Juan, sabe como ele é?

DON CARLOS

Não senhor. Jamais o vi. Sei vagamente dele por descrição de meu irmão. Mas sua reputação não é nada lisonjeira. É tido como homem de vida...

DON JUAN

Pare, senhor, lhe peço. Se trata de um amigo meu. Me calar, enquanto faz más referências dele, seria, de minha parte, uma atitude vil.

DON CARLOS

Em atenção ao senhor, por ser seu amigo, nem mais uma palavra sobre o tal personagem. Já que dele não poderia dizer nada de bom. É o mínimo que lhe devo por ter salvo minha vida. Mas, por mais amigo que seja, ouso esperar que o senhor não aprove sua conduta e que ache natural procurarmos vingança.

DON JUAN

De pleno acordo. Até pretendo ajudá-los, evitando esforços inúteis. Sou amigo de Don Juan, não posso deixar de ser. Mas não acho razoável que ande por aí ofendendo impunemente os cavalheiros. Me comprometo a que ele lhes dê todas as satisfações que exigirem. Eu me obrigo por ele.

DON CARLOS

E existem satisfações possíveis para essa espécie de ofensa?

DON JUAN

Todas que sua honra exigir. Como começo, evito que os senhores continuem no esforço talvez inútil de procurá-lo. Garanto trazê-lo aqui quando os senhores assim o decidirem.

DON CARLOS

É oferecimento grato para nossos sentimentos ofendidos. Mas, depois do que lhe devo, não me agrada nada envolvê-lo numa disputa em que teria que considerá-lo adversário.

DON JUAN

Sou tão identificado com Don Juan que não vejo como ele poderia bater-se com os senhores sem que eu lutasse a seu lado. Respondo por ele como por mim mesmo. Só tem que me dizer o momento em que deseja que ele apareça para lhes dar satisfações.

DON CARLOS

Cruel destino o meu. Fazer com que eu lhe deva a vida e saber que atacar Don Juan é o mesmo que atacar o senhor.

CENA V

*Don Alonso, três seguidores,
Don Carlos, Don Juan e Leporelo*

DON ALONSO

(Falando aos que o seguem, sem ver Don Carlos, nem Don Juan) Deem de beber a meus cavalos e sigam-me com eles; quero andar a pé um pouco. Ó, Céu!, que é isso? Inacreditável; meu irmão, que é que você faz aí, conversando com nosso inimigo mortal?

DON CARLOS

Nosso inimigo mortal?

DON JUAN

(Recuando três passos e levando a mão à bainha da espada) Sim, sou Don Juan, ele mesmo – e a

superioridade numérica não fará com que eu esconda quem sou.

DON ALONSO

(Com a mão na espada) Ah, traidor, você vai morrer como um cão de...

(Leporelo corre a esconder-se)

DON CARLOS

Para, meu irmão. Eu devo a vida a esse homem. Sem a ajuda de seu braço eu teria sido morto por dois ladrões que me atacaram.

DON ALONSO

E você pretende que essa consideração impeça nossa vingança? Qualquer ajuda que nos preste a mão inimiga não tem o menor valor para redimir a ofensa feita; se você pretende quitar a injúria com a gratidão, faz péssimo negócio. E papel ridículo. A honra vale muito mais do que a vida. Dever a vida a quem nos feriu a honra não é uma dívida.

DON CARLOS

Sou um fidalgo, irmão, não precisa me lembrar a diferença entre uma coisa e outra. Reconhecer a obrigação não significa para mim apagar o ressentimento da injúria. Mas permita que eu restitua a ele o que recebi dele. Que, apenas retardando nossa vingança, lhe pague o auxílio que me prestou, permitindo-lhe gozar alguns dias o resultado do bem praticado.

DON ALONSO

Não, não – adiar é colocar em risco nossa vingança –, a ocasião pode jamais se repetir. O Céu a oferece aqui – temos que aproveitá-la aqui. A honra mortalmente ferida não pode ceder a considerações. A reflexão nos faz covardes. Se a ti te repugna emprestar o braço a esta ação, tens apenas que sair da frente, deixando só comigo a glória da reparação.

DON CARLOS

Magnanimidade, meu irmão.

DON ALONSO

Chega de palavras – ele deve morrer.

DON CARLOS

Pare, meu irmão – eu te digo. Não vou deixar que atente contra a vida dele. Juro aos Céus que, neste momento, eu o defenderei seja contra quem for. Lhe servirei de escudo com esta mesma vida que ele me salvou. Para atingi-lo terás que atravessar meu corpo.

DON ALONSO

Como? Do lado do inimigo contra o irmão? Em vez de encará-lo como eu, com justo transporte de revolta e ódio, exprime sentimento de fraternidade que só devia ter por mim?

DON CARLOS

Não, peço apenas comedimento em nossa ação legítima. Não vamos vingar nossa honra com a fúria que te cega. Devemos conservar o domínio de nossos corações, exibindo uma revolta sem selvageria, claro resultado de nossas razões: não um impulso de ódio cego e primitivo. Não quero, irmão, permanecer devedor de nosso inimigo – essa dívida para com ele eu a tenho que saldar antes de qualquer coisa. Nossa vingança, por ser adiada, não será menos gloriosa. Pelo contrário, isso a tornará mais nobre aos olhos de todos.

DON ALONSO

Ó, que estranha fraqueza, que cegueira espantosa, arriscar a salvação da honra pelo sentimento ridículo de uma obrigação quimérica.

DON CARLOS

Irmão, não se angustie. Se cometo um erro, saberei repará-lo, me responsabilizando por tudo que envolve nosso nome. Eu sei a quanto isso nos obriga. Mas o adiamento de um dia, que o reconhecimento exige, só fará aumentar o ardor do meu empenho. Don Juan, veja bem o calor com que me esforço para pagar o que valorosamente fez por mim; daí é fácil adivinhar o contrário; avaliar minha fúria na hora de cobrar-lhe. Pode estar certo; não serei menos exato nesse acerto de contas. Não quero agora constrangê-lo a explicar seus sentimentos. Está livre para pensar com calma nas decisões a tomar. Sabe muito bem a extensão da ofensa que cometeu – eu o faço juiz das reparações que isso exige. Para nos satisfazer há meios amigáveis; e há os violentos e sangrentos. Mas, enfim, seja qual for sua escolha, tenho sua palavra de que me dará plenas satisfações em nome de Don Juan. Cumpra essa palavra, eu lhe peço, na certeza de que, daqui em diante, só tenho dívidas para com minha honra.

DON JUAN

Não lhe pedi nada – e o que eu prometo eu cumpro.

DON CARLOS

Vamos, meu irmão: um instante de magnanimidade não diminuirá em nada a severidade de nossa ação.

CENA VI

Don Juan e Leporelo

DON JUAN

Olá, hei, quedê você, Leporelo?

LEPORELO

(Saindo da direita, onde estava escondido) Que deseja?

DON JUAN

Que deseja, patife? Desejo que não se esconda quando sou atacado.

LEPORELO

Desculpe, patrão, eu estava logo ali. A dois passos. Estou achando que este hábito faz efeito.

DON JUAN
Como, insolente?

LEPORELO
Vesti-lo equivale a tomar um purgativo.

DON JUAN
Peste! Pelo menos cobre a tua velhacaria com uma máscara mais perfumada. Você sabe quem é esse de quem salvei a vida?

LEPORELO
Eu? Nem posso imaginar.

DON JUAN
É irmão de Dona Elvira.

LEPORELO
Ôi, ôi!

DON JUAN
Mas é um verdadeiro fidalgo; se comportou muito bem e lamento ter contenda com ele.

LEPORELO
Acho que o senhor tem um meio muito fácil de pacificar essas coisas.

DON JUAN
É. Mas a minha paixão por Dona Elvira se esfumou

e qualquer compromisso com ela se tornou... impraticável. No amor eu amo sobretudo a liberdade, você sabe, e não me resigno a encerrar meu coração entre quatro paredes. Eu sempre te falei; uma inclinação natural me atrai a tudo que me atrai. Meu coração pertence a todas as belas. Cabe a elas, cada uma a seu turno, ficar com ele o tempo que puder. Mas que edifício soberbo é esse aí, entre as árvores?

LEPORELO

O senhor não sabe?

DON JUAN

Realmente não.

LEPORELO

Como não? É o mausoléu que o Comendador construía quando o senhor o matou.

DON JUAN

É mesmo! Mas eu não imaginava que fosse neste lado. Todos falam maravilhas dessa obra, e também da estátua do Comendador. Vamos dar uma olhada.

LEPORELO

Por favor, senhor, não vá.

DON JUAN

Ué, por quê?

LEPORELO

Não me parece civilizado visitar uma pessoa que o senhor matou.

DON JUAN

Ao contrário – é uma visita que faço justamente por ser civilizado. E que deverá ser recebida de bom grado, se o Comendador também o é. Vamos, vem, entremos. *(O monumento se abre e aparece um esplêndido mausoléu e a estátua do Comendador)*

LEPORELO

Ah, que coisa mais linda! Quantas belas estátuas! E o mármore, que lindeza! Esplêndidas colunas! Tudo espantoso! Que é que o senhor diz disso tudo, patrão?

DON JUAN

Que a ambição de um morto não poderia ir mais longe. Mas o que acho mais admirável é que, especialmente esse homem, que toda a vida viveu numa casa modesta, quisesse viver numa tão suntuosa quando não vive mais.

LEPORELO

Olha, a estátua do Comendador.

DON JUAN

Maravilha! Afinal ele conseguiu ficar bonito, nessa toga de imperador romano.

LEPORELO

Estátua muito benfeita, sim senhor. Parece vivo; dá a impressão que vai falar. E o olhar que nos lança, puxa!, eu morria de pavor se estivesse sozinho. Não me parece que esteja muito contente com a nossa presença.

DON JUAN

Estaria equivocado – e seria corresponder mal à honra que lhe faço. Convida-o para vir jantar comigo.

LEPORELO

É um convite que acho um tanto atrasado, meu senhor.

DON JUAN

Convida, eu disse.

LEPORELO

O senhor está brincando. Quer me fazer bancar o idiota, falando com uma estátua?

DON JUAN

Faz o que eu te mando.

LEPORELO

Mas que bizarria! Senhor Comendador... *(À parte)* Eu sei que estou sendo estúpido, mas obedeço ordens. *(Alto)* Senhor Comendador, meu patrão, Don Juan, manda lhe perguntar, caso o senhor não tenha outro compromisso, se lhe dá a honra de ir jantar com ele. *(A estátua baixa a cabeça)* Ai!

DON JUAN

Que foi? Que é que você tem? Fala! Perdeu a voz?

LEPORELO

(Faz o mesmo sinal que a estátua lhe fez) A estááátua!

DON JUAN

A estátua – muito bem. Estou vendo. O que é que você quer dizer com isso?

LEPORELO

Eu lhe garanto que a estátua...

DON JUAN

A estátua. Está bem, eu disse. E que mais? Fala, rapaz, ou te moo de pancada.

LEPORELO

A estátua me deu um sinal.

DON JUAN

Só faltava essa – além de patife, supersticioso.

LEPORELO

Ela me fez um sinal, eu lhe juro. Com a cabeça

(imita). Verdade verdadíssima. Fala o senhor com ela, só pra ver. Pode ser que...

DON JUAN

Pois vem comigo. Quero ver de perto a tua poltronice. Olha só. O senhor Comendador aceitaria vir jantar comigo? *(A estátua inclina a cabeça)* Bom, vamos embora.

LEPORELO

Olha só os espíritos fortes que não creem em nada. *(Faz menção de correr. Don Juan o agarra)*

DON JUAN

Calma! Não tão depressa que pareça covardia. *(Leporelo quase para. Don Juan o obriga a andar um pouco mais depressa)* Nem tão devagar que pareça provocação.

QUARTO ATO

CENA I

*O apartamento de Don Juan.
Don Juan e Leporelo*

DON JUAN

Seja o que for, vamos convir – é uma bobagem. Podemos ter sido enganados por uma luz refletida ou pela neblina que vinha da floresta.

LEPORELO

Por favor, patrão, não tente desmentir o que ambos os dois vimos com estes olhos que a terra há de... Não há nada mais real do que aquele sinal com a cabeça *(imita)*. E não duvido nada que o Céu, escandalizado com a sua vida, produzisse esse milagre para convencê-lo, e para que largue de vez...

DON JUAN

Escuta uma coisa; se você continuar a me encher a paciência com essa moralidade estúpida, se falar mais uma única palavra sobre esse assunto, chamo um criado para me trazer um bom chicote, mando três ou quatro te segurarem firme e te dou tantas chicotadas que, aí sim, você vai ver o que é assombração. Entendeu bem ou quer um exemplo?

LEPORELO

Não, senhor, entendi muito bem. O senhor se explica claramente. O que há de bom no senhor é que o senhor não entra em atalhos; diz as coisas com uma clareza admirável. Entendi bem.

DON JUAN

Pois então que me tragam o jantar imediatamente. Menino, uma cadeira!

CENA II

Don Juan, Violeta e Leporelo

VIOLETA

Senhor, está aí o Senhor Domingos, seu fornecedor. Diz que precisa lhe falar.

DON JUAN

Bem, era só o que faltava a essa hora – um credor. Que ideia é essa de vir pedir dinheiro agora? Por que não disse que Don Juan não estava em casa?

VIOLETA

Há mais de duas horas que estou dizendo isso, mas ele não acredita. Não adianta – eu tenho cara de quem o patrão está em casa. O Senhor Domingos se sentou lá fora e está esperando com infinita paciência.

LEPORELO

Pois eu aposto que o patrão tem paciência ainda mais infinita.

DON JUAN

Não senhor, ao contrário – manda-o entrar. É péssima política evitar os credores. O certo é lhes pagar alguma coisa, de preferência metade do mínimo que esperam. Embora eu sempre consiga que saiam satisfeitos, deixando ainda alguma coisa mais.

CENA III

Don Juan, o Senhor Domingos, Leporelo, Violeta e Ragota

DON JUAN

(Grandes civilidades) Oh, Senhor Domingos, aproxime-se. Não acredita como estou encantado de vê-lo e como me irritei com meus criados que não me avisaram de sua presença, e não o fizeram entrar imediatamente. É verdade que havia dado ordens de que não receberia ninguém. Mas evidentemente essa ordem não é para o senhor – o senhor não é ninguém. Não admito que jamais o senhor encontre porta fechada nesta casa.

SENHOR DOMINGOS

Senhor Don Juan, fico muito comovido. E muito agradecido.

DON JUAN

(Falando aos criados) Como é que acontece uma coisa dessas? Eu vou lhes ensinar, patifes, a deixar o Senhor Domingos esperando numa antecâmara. Vão ver como aprendem a distinguir gente de gente.

SENHOR DOMINGOS

Não foi nada, senhor.

DON JUAN

Como, não foi nada? Dizer que não estou em casa ao Senhor Domingos, ao meu melhor amigo?

SENHOR DOMINGOS

Um seu criado, Don Juan, um servidor. Tinha vindo apenas para...

DON JUAN

Como é?, depressa, uma cadeira aqui para o Senhor Domingos.

SENHOR DOMINGOS

Estou bem assim, senhor. É pouca coisa. Posso falar em pé.

DON JUAN

Não, não, quero que se sente aqui, junto de mim.

SENHOR DOMINGOS

Não se incomode por minha causa.

DON JUAN

Mas, o quê? Um banquinho? Tragam uma poltrona.

SENHOR DOMINGOS

O senhor brinca, Don Juan, eu não...

DON JUAN

Não pense nisso. Sou consciente de tudo que lhe devo; não quero que haja qualquer diferença entre nós dois.

SENHOR DOMINGOS

Senhor, eu...

DON JUAN

Vamos, sente-se aí.

SENHOR DOMINGOS

Não é necessário, senhor Don Juan, preciso apenas dizer-lhe uma palavra.

DON JUAN

Diga sentado.

SENHOR DOMINGOS

Não, Don Juan, estou muito bem. Eu só vim para...

DON JUAN

Se o senhor insiste em não sentar eu insisto em não ouvir.

SENHOR DOMINGOS
Farei como deseja. Eu...

DON JUAN
Sim senhor, senhor Domingos, está extraordinariamente bem.

SENHOR DOMINGOS
Bem, para servi-lo, senhor. Por isso vim...

DON JUAN
O senhor tem uma constituição extraordinária, saúde esplêndida, lábios frescos, rosto rosado e os olhos verdes continuam brilhantes.

SENHOR DOMINGOS
Eu gostaria muito ...

DON JUAN
E como vai sua esposa, a senhora Domingos?

SENHOR DOMINGOS
Perfeitamente bem, graças a Deus.

DON JUAN
Mulher extraordinária.

SENHOR DOMINGOS
Também está a suas ordens, senhor. Eu vim...

DON JUAN

E sua filhinha Claudina, essa bela menina? Como vai indo ela?

SENHOR DOMINGOS

Esplêndida, eu diria. Eu...

DON JUAN

Que bonita que é. Eu gosto muito dela.

SENHOR DOMINGOS

Quando eu lhe disser isso vai se sentir muito honrada, senhor. Mas eu vim...

DON JUAN

E o pequeno Jean Louis ainda acorda o senhor com o tambor?

SENHOR DOMINGOS

Sempre o mesmo, mas é um bom menino. Crianças, o senhor sabe como são. Porém eu...

DON JUAN

E Igor, o seu cãozinho, continua latindo pra tudo e pra todos? Continua mordendo as pernas de todas as visitas?

SENHOR DOMINGOS

É. Não aprende. Ninguém consegue dominá-lo. Mas eu queria...

DON JUAN

Não se admire que eu lhe peça todas essas notícias sobre sua família. Mas é que isso me interessa muito. Para mim sua família é um modelo. É a família que pretendo construir.

SENHOR DOMINGOS

Nós lhe somos profundamente agradecidos por essa estima e referência, senhor. Eu...

DON JUAN

(Estendendo a mão a Domingos) Toque aqui, Senhor Domingos. É mesmo meu amigo?

SENHOR DOMINGOS

Don Juan, sou seu servidor.

DON JUAN

Por favor, seu servidor sou eu, com todo o meu coração.

SENHOR DOMINGOS

O senhor me honra em demasia. Eu...

DON JUAN

Mas não fico em palavras. Não há nada que eu não faça pelo senhor.

SENHOR DOMINGOS

O senhor demonstra por mim um excesso de bondade. Eu...

DON JUAN

E isso sem qualquer interesse, peço-lhe que acredite.

SENHOR DOMINGOS

Não duvido, senhor; é só que não mereço. Só pretendo...

DON JUAN

Não admito essa modéstia. Quem sabe dos seus méritos sou eu. Aceitaria jantar comigo? Não faça cerimônia.

SENHOR DOMINGOS

Obrigado, senhor, mas me esperam em casa. Eu...

DON JUAN

(Se levantando) Ah, esperam o senhor em casa? Mas por que não disse logo? Vamos, vamos, depressa! Uma tocha para iluminar o caminho do Senhor Domingos. E quatro ou cinco homens armados de mosquetão para escoltá-lo.

SENHOR DOMINGOS

(Se levantando também) Meu senhor, isso não é necessário – posso ir sozinho. Mas antes... *(Leporelo tira rapidamente as cadeiras)*

DON JUAN

Não senhor! Quero que o escoltem; me sinto

responsável pela sua segurança. Sou mais que seu servidor, seu devedor.

SENHOR DOMINGOS
Pois é, Don Juan, porém...

DON JUAN
É uma coisa que não escondo. Ao contrário – digo a todo mundo.

SENHOR DOMINGOS
É, e se...

DON JUAN
Quer que eu o acompanhe?

SENHOR DOMINGOS
Ah, meu senhor, está brincando. Só queria lhe...

DON JUAN
E me dê um abraço, pelo menos. Peço-lhe mais uma vez acreditar que estou inteiramente à sua disposição e que não há nada no mundo que não faça para lhe ser útil. *(Sai)*

CENA IV

Senhor Domingos e Leporelo

LEPORELO

Precisa reconhecer que o patrão o estima sinceramente.

SENHOR DOMINGOS

Não posso negar. Me faz tantas cortesias, me trata com tal generosidade que nunca encontro o momento de... Preferia que me tratasse pior e me pagasse melhor.

LEPORELO

Mas pode estar certo de que todos na casa de Don Juan arriscariam a vida pelo senhor. Gostaríamos mesmo que lhe acontecesse qualquer coisa, que o senhor fosse espancado a pauladas para lhe demonstrar que...

SENHOR DOMINGOS

Não acho isso necessário. Acredito. Mas, Leporelo, você não poderia dar um toque nessa questão da minha dívida?

LEPORELO

Oh, não perca seu sono por isso. Ele é o melhor pagador do mundo. O senhor vai receber até em excesso.

SENHOR DOMINGOS

E você também, Leporelo, você me deve alguma coisinha.

LEPORELO
Éééé! Coisa sem importância. Nem vamos falar disso agora.

SENHOR DOMINGOS
Como assim? Eu...

LEPORELO
O senhor acha que eu não sei o que lhe devo?

SENHOR DOMINGOS
Não, mas, eu...

LEPORELO
Vamos, Senhor Domingos, vou iluminar seu caminho.

SENHOR DOMINGOS
Mas, o meu dinheiro...

LEPORELO
(Pegando-lhe no braço) Não é hora para mesquinharias, Senhor Domingos. Vamos.

SENHOR DOMINGOS
Eu quero, pelo menos...

LEPORELO
(Puxando-o) Eehhhh!

SENHOR DOMINGOS

Um mínimo...

LEPORELO

(Empurrando-o para fora) Tem razão, é uma insignificância...

SENHOR DOMINGOS

Parte agora, parte depois...

LEPORELO

Sim senhor – parte agora. *(Empurra-o fora de cena)*

CENA V

Don Juan, Leporelo e Violeta

VIOLETA

(A Don Juan) Meu senhor, está aí o senhor seu pai.

DON JUAN

Ai, ai, ai! Só faltava essa para encher meus tímpanos.

CENA VI

Don Luís, Don Juan e Leporelo

DON LUÍS

Eu sei bem que o perturbo. E que você prescindiria com prazer da minha visita. Não precisamos esconder que nos sentimos estranhamente mal um diante do outro. Você se irrita com a minha simples presença; eu não me irrito menos com a sua conduta. Todos ficamos perdidos quando não deixamos que o Céu cuide de nossos destinos, quando pretendemos saber mais do que ele, e o importunamos com ambições cegas, demandas inconsideradas. Desejei ardentemente um filho. Esperei-o com ânsia. Implorei por ele com preces infindáveis. E esse filho, que afinal chegou, depois que cansei o Céu com os meus pedidos, tornou-se a dor e o suplício desta mesma vida da qual devia ser alegria e consolo. Com que olhar, eu te pergunto, posso encarar o acúmulo de tuas ações indignas, que não tenho como explicar à opinião do mundo? Essa sucessão de comportamentos lamentáveis que a todo momento me força a apelar para a bondade do soberano, e que já esgotou diante dele o mérito dos meus serviços e a influência dos meus amigos? Ah, que baixeza, a tua! Não te envergonhas de sujar assim o leito em que nasceste? Te sentes com direito, me diz, à honra desse berço? Que fizeste no mundo para ser um fidalgo? Acreditas mesmo que basta ostentar uma arma e um brasão para que um sangue nobre continue nobre, embora envenenado de infâmias? Não, filho, o berço não vale nada se não gera a virtude. Só temos direito à glória de nossos antepassados quando procuramos ser iguais a eles. O esplendor dos feitos que nos legaram nos impõe o dever de honrá-los, de seguir seus passos e caminhos, de impedir que suas virtudes degenerem. Só isso. Se pretendemos que nos considerem seus descendentes legítimos. Você, porém, descende em vão. Teus antepassados te deserdam de seu sangue pois não te reconhecem nele. Tudo que fizeram de ilustre não se reflete em você. Ou melhor, não se reflete numa reverberação de ouro, mas de desdouro. A glória do passado é uma tocha que ilumina apenas, aos olhos de todos, a vergonha do teu procedimento. Aprenda, em suma, que um fidalgo de má vida é um monstro da natureza; que a virtude é o maior título de nobreza; que dou menor valor ao nome do que às ações de quem assina o nome; e que tenho o honesto filho de um trapeiro em mais alta estima do que o filho de um nobre que vive como você.

DON JUAN

Senhor, se estivesse sentado poderia falar mais confortavelmente.

DON LUÍS

Não, insolente, não desejo sentar. Nem falar mais nada. Vejo bem que minhas palavras não causam qualquer impressão em teu caráter. Mas saiba, filho indigno, que, diante de teus atos, a ternura paterna esgotou seus limites. Muito antes do que você imagina, saberei pôr um fim a teus desregramentos, atraindo sobre ti a cólera do Céu. E com tua punição lavar a vergonha de o ter posto no mundo. *(Sai)*

CENA VII

Leporelo e Don Juan

DON JUAN

(Para o pai, que já saiu) Eh, o senhor aí, antes de ir embora, me faz um favor! Cai morto! Morre o mais cedo que puder. Cada um deve ter sua vez. Detesto pais que insistem em viver tanto quanto os filhos. *(Joga-se numa poltrona)*

LEPORELO

Ah, meu senhor, acho que agiu errado.

DON JUAN

Agi errado? Tem certeza?

LEPORELO

(Tremendo) Senhor...

DON JUAN

(Levanta-se da poltrona) Agi errado?

LEPORELO

Sim senhor, agiu errado. Desta vez eu tenho que ser claro. Não devia ter aguentado que ele dissesse o que lhe disse sem botá-lo pra fora a pontapés. Nunca vi insolência maior. Um pai invadir a casa de um filho com sermões de que deve mudar de conduta, de pautar seu comportamento pelo leito em que nasceu, de levar sempre uma vida absolutamente honesta – e um punhado de tolices desse gênero. Como admitir que coisas como essas sejam ditas a uma pessoa como o senhor, um homem que sabe como viver. Admiro a sua paciência. Se estivesse em seu lugar eu o teria mandado passear. *(À parte)* Maldita falta de fibra, a quanto me obrigas!

DON JUAN
Muito bem. E, tirando isso, o jantar está pronto?

CENA VIII

Don Juan, Leporelo e Violeta

VIOLETA
Senhor, uma senhora deseja lhe falar.

DON JUAN
Quem é?

VIOLETA
Não quis dizer. E tem o rosto coberto por um véu.

LEPORELO
Eu vou ver.

CENA IX

Dona Elvira (de véu), Don Juan e Leporelo

DONA ELVIRA

Não se surpreenda, Don Juan, de me ver aqui a esta hora, e com esta indumentária. É motivo urgente o que me obriga a esta visita – o que devo lhe dizer não pode de modo algum ser adiado. A cólera que me queimava em nosso último encontro eu a dominei – me vê bem diferente da que lhe falou esta manhã. Não está aqui a mesma Dona Elvira que o amaldiçoava, e cuja alma ferida só proferia ameaças, só respirava vingança. O Céu lavou minha alma de todos esses indignos furores que eu sentia pelo senhor, todos os ressentimentos criados por uma ligação criminosa, todos os ímpetos condenáveis de um amor material e grosseiro; ficou por si, em meu coração, apenas uma chama depurada de todas as tentações da carne, uma santa ternura, um amor desprendido de tudo, que não quer nada para si próprio e quer tudo para o seu bem.

DON JUAN

(Baixo, a Leporelo) Que é – está chorando?

LEPORELO

Perdão, senhor.

DONA ELVIRA

É esse amor profundo e puro que me impulsionou até aqui para ajudá-lo, para lhe transmitir um aviso do

Céu, e tentar salvá-lo do abismo no qual se precipita. Sim, Don Juan, hoje conheço todos os descomedimentos de sua vida, e esse mesmo Céu que me tocou a alma e me tornou consciente de todos os meus desvios, me inspirou também a vir procurá-lo, para dizer-lhe que sua vida de deboche exauriu a capacidade de misericórdia divina. A assustadora cólera do Céu vai cair sobre sua cabeça e só pode evitá-la com um arrependimento imediato, profundo e total. Tem apenas um dia para evitar a pior das desgraças. Quanto a mim, não me liga mais ao senhor nenhum sentimento terreno. Graças à leniência do Céu libertei-me de todos as minhas ânsias impuras. Resolvi me afastar do mundo e imploro apenas ter vida bastante para poder expiar as faltas cometidas. E merecer, por dura penitência, perdão da cegueira em que me mergulharam os instintos de uma paixão devassa. Mas não conseguirei a paz nesse retiro, viverei sempre profundamente aflita, sabendo que uma pessoa amada, agora, assim, tão puramente, tornou-se exemplo funesto, alvo da fúria divina. Ao contrário, será para mim alegria beatífica se puder livrar sua cabeça do golpe indescritível que a ameaça. Conceda-me, Don Juan, esta última graça, este doce consolo; não me recuse a sua salvação, que é parte também da minha. Vê? – eu lhe peço chorando. Se o senhor não se comove pela própria sorte, comova-se então por minhas preces. Poupe-me a dor eterna de vê-lo condenado a atrozes suplícios.

LEPORELO

(Para si mesmo) Pobre mulher!

DONA ELVIRA

Eu o amei com uma ternura extrema. Nada no mundo me foi tão precioso. Por si esqueci todos os meus deveres; fiz tudo que quis, me pediu, ou senti que desejava. A única recompensa que lhe peço é a de corrigir sua vida, como eu corrigi a minha, evitando a própria perdição. Salve-se, eu lhe imploro, pelo seu próprio amor ou por seu amor próprio. E por algum amor por mim, se ainda tem lembrança. Pela última vez, Don Juan, rogo-lhe com lágrimas. Mas se não bastam as lágrimas de alguém que disse amar, apelo para tudo em sua vida que ainda possa comovê-lo.

LEPORELO

(À parte, olhando Don Juan) Coração de hiena!

DONA ELVIRA

E agora eu me retiro. É tudo que tinha a lhe dizer. É tudo que jamais ouvirá de mim.

DON JUAN

Madame, já é tarde; permaneça aqui. Nós a acomodaremos da melhor maneira possível.

DONA ELVIRA

Não, Don Juan, nunca mais. Não me detenha.

DON JUAN

Madame, lhe asseguro, não pode imaginar o prazer que me dará em hospedá-la uma última noite.

DONA ELVIRA

Não, senhor, obrigada. Se não deixei bem claro; não temos mais tempo a perder em contatos inúteis. Deixe-me sair daqui o mais depressa possível. E nem se preocupe em acompanhar-me. Pense somente na minha advertência.

CENA X

Don Juan e Leporelo

DON JUAN

Quer saber de uma coisa? Eu disse que estava tudo apagado mas me despertou uma certa emoção esse discurso de mulher amargurada. Uma emoção... bizarra. O ar abandonado, as roupas monacais – as lágrimas! –, isso tudo despertou dentro de mim pequenas chamas que começaram a crepitar... Pena que ela não tenha querido ficar.

LEPORELO

Ou seja, as palavras dela não tiveram sobre o senhor nenhum efeito.

DON JUAN

Como não? Não te falei? Mas chega. O jantar, depressa, antes que venha outro orador.

LEPORELO

Num instante.

CENA XI

Don Juan, Leporelo, Violeta e Ragota

DON JUAN

(Sentando-se à mesa) Mas é verdade, Leporelo, vou te dizer uma coisa – é preciso começar a pensar em mudar de vida.

LEPORELO

Eu, patrão?

DON JUAN

Nós, idiota! Nós. E depressa. Apenas mais vinte ou trinta anos desta vida que você chama dissipada e, depois, o arrependimento. E a absolvição.

LEPORELO

Assim, depois de todos esses pecados?

DON JUAN

O Céu despreza pequenos pecadores. Só os grandes lhe dão ensejo a portentosas magnanimidades.

LEPORELO

Ah!

DON JUAN

O quê? Não concorda?

LEPORELO

Concordo que o jantar está aqui. *(Pega um pedaço da comida que criados trazem e coloca na boca)*

DON JUAN

Que é que você tem? Está com a bochecha inchada. Fala, o que é que é isso?

LEPORELO

Nada.

DON JUAN

Mostra aqui. Coisa horrível. É um tumor maligno. Depressa, uma lanceta. Temos que furar isso imediatamente. O pobre rapaz pode morrer envenenado por esse abcesso. Ôôôuu! Olha só! Já estava supurando. Seu patife!

LEPORELO

Acredite, senhor, eu só estava provando pra ver se o seu cozinheiro não tinha temperado com excesso de sal ou demasiado de pimenta.

DON JUAN

Fora daqui. Senta lá e come. Depois do jantar vou precisar de ti. Que cara! É isso que se chama de cara de fome?

LEPORELO

(Senta-se adiante) Acho que sim, patrão. É um bom modelo. Eu não como desde manhã.

DON JUAN
Desde manhã?

LEPORELO
Sim, senhor – de ontem. Provo isso aqui – não tem coisa melhor no mundo. *(A Ragota que, todas as vezes em que Leporelo coloca comida no prato, come, enquanto Leporelo está de costas)* O meu prato! O meu prato! Devagar, por favor! Chifre de satanás! Você traz pratos cheios de um lado e já tem os pratos limpos do outro. Nunca vi ninguém lavar pratos tão depressa! E você aí, Violeta, está fazendo esse vinho? *(Enquanto Violeta enche o copo de Leporelo, Ragota lhe limpa o prato)*

DON JUAN
Quem é que está batendo assim?

LEPORELO
Que demônios são esses, que vêm nos interromper no melhor da festa?

DON JUAN
Não deixem entrar ninguém. Quero ficar em paz, pelo menos no jantar.

LEPORELO
Podem deixar comigo; eu trato disso.

DON JUAN
(Vendo Leporelo voltando apavorado) Que é que foi? Que é que você tem?

LEPORELO

(Baixando a cabeça no movimento feito pela estátua) O... A... estátua está aí!

DON JUAN

Vamos lá, manda entrar. Você vai ver que nada me assusta.

LEPORELO

Pobre Leporelo, em que buraco negro do mundo você vai se esconder. Eu daria meu salário por um buraco.

CENA XII

Don Juan, Estátua do Comendador, Leporelo, Violeta e Ragota

DON JUAN

(A sua gente) Uma cadeira e talheres, vamos. Rápido! *(Don Juan e a estátua sentam-se à mesa. A Leporelo)* Senta aí!

LEPORELO

Obrigado, senhor, não tenho mais fome.

DON JUAN

Senta aí, eu já disse. Vamos beber à saúde do Comendador. E à tua, Leporelo. Sirvam-lhe vinho.

LEPORELO
Meu patrão, não tenho sede.

DON JUAN
Bebe e canta tua canção para alegrar o Comendador.

LEPORELO
Estou encatarrado, senhor.

DON JUAN
Não importa. Canta. Vocês todos, se aproximem, cantem com ele.

ESTÁTUA
Basta, Don Juan. Eu o convido a vir amanhã cear comigo. Tem coragem de aceitar?

DON JUAN
Oh, por que não? Irei – mas, se permite, acompanhado deste meu servidor, Leporelo.

LEPORELO
Agradeço-lhe imensamente pela honra, patrão. Mas amanhã é meu dia sagrado de jejum.

DON JUAN
(A Leporelo) Pega uma tocha.

A ESTÁTUA
Não precisa de luz quem é iluminado pelo Céu.

QUINTO ATO

Campo, próximo à cidade

CENA I

Don Luís, Don Juan e Leporelo

DON LUÍS

Ah, meu filho, será possível que a bondade do Céu tenha atendido às minhas preces. É verdade o que me dizes? Não me enganas com uma falsa esperança? Posso acreditar mesmo na notícia espantosa de tua conversão?

DON JUAN

(Hipócrita) Sim, aqui onde me vê, pai, vê um homem liberto de todos os seus erros; não sou mais o mesmo de ontem à noite. De um golpe o Céu operou em mim uma mudança que surpreenderá aos íntimos e aos estranhos. Tocou minha alma, abriu meus olhos. Vejo com horror meu longo período de cegueira e o desregramento criminoso da vida que vivi. Passo e repasso em minha mente todas as abominações cometidas e me espanto em como o Céu tenha suportado isso tanto tempo, sem deixar cair sobre minha cabeça mil golpes de sua apavorante justiça. Percebi a graça que sua bondade me concedeu não punindo meus crimes, e pretendo aproveitar essa misericórdia mostrando ao mundo uma total mudança de comportamento. Assim repararei o

escândalo de minhas ações passadas, até obter do Céu a remissão completa. É a isso que vou me dedicar. E lhe peço, querido pai, que contribua com esse meu esforço, ajudando-me, com sua sabedoria, a escolher uma pessoa que me sirva de guia, ao lado da qual eu possa marchar seguro pela estrada em que escolhi caminhar.

DON LUÍS

Ah, Juanito, com que facilidade renasce a ternura de um pai, e como, à mais simples demonstração de arrependimento, desaparecem logo as mágoas provocadas pelas ofensas de um filho. Já nem me lembro mais de todos os desgostos que me deu – tudo se apagou com as palavras que acabei de ouvir. Confesso; não caibo em mim de alegria; não contenho minhas lágrimas; todos os meus votos foram aceitos; nada mais tenho que pedir ao Céu. Abrace-me, meu filho, e persiste, imploro, em tua louvável intenção. De minha parte vou correndo levar esta bela notícia à tua mãe, compartilhar com ela a minha comoção, e render graças ao Céu pela santa resolução que te inspirou.

CENA II

Don Juan, Leporelo

LEPORELO

Don Juan, meu senhor, não pode imaginar minha felicidade em vê-lo convertido. Há tanto que esperava isso e, pronto, de repente, todos meus desejos satisfeitos.

DON JUAN

Não é possível. Você nasceu asno, cresceu jumento, e envelheceu cavalgadura. *(Pausa, os dois se olham)* Vai morrer besta quadrada.

LEPORELO

Como assim?

DON JUAN

Você não distingue ouro de ouro falso, pechisbeque. Acha que as palavras que saíam de minha boca correspondiam às que estavam no meu cérebro?

LEPORELO

O quê? O senhor quer me dizer que... O senhor não... A sua conversão, então *(À parte)* Ah, que homem!, que homem!, que homem!

DON JUAN

Fique tranquilo, eu não mudei em nada. Não precisa temer – meus sentimentos são os mesmos de sempre.

LEPORELO

Não o atemorizou em nada nem mesmo a estupenda maravilha dessa estátua andando e falando?

DON JUAN

Sim, sim. Bastante. Aí tem qualquer coisa que não consigo entender. Mas, seja lá o que for, não convence o meu espírito nem abala a minha alma. E se afirmei querer corrigir minha conduta e passar a viver uma vida exemplar, você devia ter percebido que isso é apenas um projeto político e, como tal, um estratagema para iludir os tolos. No caso, me permitirá continuar a me servir de um pai que sempre me foi útil. E me acobertará, preventivamente, de mil situações desagradáveis que ainda irão me acontecer. Tenho prazer em te confiar isso, Leporelo. É confortável ter alguém que nos conheça a fundo e saiba os verdadeiros motivos que nos conduzem às ações.

LEPORELO

O quê? O senhor, que não acredita absolutamente em nada, acredita que vão acreditar que é um homem de bem?

DON JUAN

E por que não? Existem muitos outros que representam esse mesmo papel e usam a mesma máscara para carambolar o mundo.

LEPORELO

Carambolar? É... *(À parte)* Ah!, que homem!, que homem!

DON JUAN

Disso ninguém mais se envergonha. Ao contrário, se orgulha. A hipocrisia é um vício. Mas está na moda. E todos os vícios na moda são virtudes. O personagem do homem de bem é o mais fácil de interpretar em nossos dias. Qualquer hipócrita o representa com razoável perícia. E fica quase impossível saber se estamos diante de um hipócrita no papel de um homem de bem ou se conversamos com um homem de bem que banca o hipócrita para não ser humilhado como homem de bem. O exercício da hipocrisia oferece maravilhosas possibilidades. É uma arte da qual faz parte natural a impostura – como o blefe, em certos tipos de jogos. E mesmo quando a impostura é transparente, ninguém ousa condená-la, com medo de que isso abra o caminho para a condenação de imposturas mais habilidosas. Todos os outros vícios dos homens estão sujeitos a censuras. Qualquer um se sente no direito e até na obrigação de condená-los. Mas a hipocrisia é um vício privilegiado, que tapa a boca de todos que o percebem e transita na corte com vaidosa impunidade. Ficou até elegante. Chic. Hipócritas usam as mesmas máscaras, os mesmos ademanes e comportamentos, e formam uma sociedade fechada e autoprotetora. Ofender um significa todos te caírem em cima. E mesmo os que, vivendo em meio a eles, agem de boa-fé e ficam perturbados com determinadas ações... estranhas, sempre acabam envolvidos. Caem ingenuamente nas trampas dos hipócritas e, sem saber, dão crédito à cambada. Você não sabe quantos hipócritas eu conheço que, com alguns poucos estratagemas, limparam as manchas e os crimes de sua juventude. E aí, usando o escudo e o manto da religião, se transformaram em cidadãos respeitáveis, isto é, os homens mais canalhas deste mundo. Por mais que se saiba de suas intrigas e futricas, que se conheça e divulgue aquilo que realmente são, nem por isso eles perdem o prestígio e a estima das pessoas. Basta que inclinem a cabeça um pouco, humildemente, que deem um ou dois suspiros fundos e mortificados, e rolem os olhos em direção ao Céu, para serem reabilitados de tudo ou de qualquer coisa. É nesse refúgio favorável que eu quero me abrigar e colocar em segurança meus interesses. Claro, não abandonarei nenhum dos meus saudáveis hábitos. Apenas, de hoje em diante, vou me ocultar um pouco, agir mais em surdina. E se alguém me descobrir, terei, sem mover sequer um dedo, toda a cabala correndo em meu socorro, defendendo os meus – e os dela! – interesses, contra tudo e contra todos. Enfim, adotei a maneira de fazer impunemente tudo que me der na telha. Posso me erigir, de agora em diante, em censor dos atos alheios, julgando duramente a todos; reservando meus elogios apenas ao comportamento de uma pessoa, a única que sempre achei acima de qualquer suspeita. *(Pausa)* Eu. Se alguém ousar me ofender, por mínima que seja a ofensa, eu não o perdoarei jamais, guardar-lhe-ei um ódio irredutível, e ostensivo, o que intimidará outros candidatos à difamação. Serei o vingador dos interesses do Céu e, sob esse manto assustador, perseguirei meus inimigos, acusando-os de impiedade, desencadeando contra eles o zelo e a perseguição dos carolas que, sem conhecimento de causa, os cobrirão de injúrias, condenando-os à execração pública. É assim que se usa a fraqueza, a ignorância e a pusilanimidade dos homens. É assim que um sábio torna virtudes os vícios de seu tempo.

LEPORELO

Ó Céu, o que sou obrigado a ouvir por um salário. Só lhe faltava mesmo a hipocrisia para ser um... *(movimento de lábios)* completo, e atingir o cúmulo da abominação. Esta, senhor, me faz perder totalmente as estribeiras. Sufoco se não disser o que sinto. Faça comigo tudo que quiser, espanque-me, queime-me, afogue-me, mate-me, enfrento tudo. Mas tenho que aliviar meu coração e, como criado fiel, dizer o que devo dizer. Saiba, senhor, que tantas vezes vai o cântaro à fonte, que um dia quebra. Como diz muito bem esse autor que eu não sei qual é, o homem está no mundo como o pássaro no galho; o galho, como o senhor não ignora, está preso à árvore; quem se apoia na árvore segue os bons preceitos; os bons preceitos valem mais do que as belas palavras; as belas palavras ouvem-se na corte; na corte, claro, estão os cortesãos; os cortesãos seguem a moda; a moda nasce da fantasia; a fantasia é uma faculdade almática, da alma; a alma é o que nos dá a vida; a vida termina com a morte; a morte faz pensar no Céu; o Céu está sobre a terra; a terra não é o mar, o mar é assolado por tempestades; as tempestades ameaçam os navios; os navios precisam bons pilotos; bons pilotos são prudentes; a prudência não é virtude dos jovens; os jovens devem obediência aos velhos; os velhos amam a riqueza; os que têm riqueza são ricos; ricos não são pobres; pobres passam necessidade; a necessidade não tem lei; quem não tem lei é um animal selvagem; e, sendo assim, o senhor vai acabar no inferno.

DON JUAN

Extraordinário. Há muito tempo não ouvia raciocínio tão bem construído. Premissa, desenvolvimento e conceito. Leporelo, você é um moralista.

LEPORELO

Bem, se depois desse esforço o senhor não se convence, tanto pior pro senhor.

CENA III

Don Carlos, Don Juan e Leporelo

DON CARLOS

Don Juan, felizmente o encontro aqui no pátio da igreja, pois acho melhor conversarmos aqui, com mais liberdade do que em sua casa. Gostaria de saber que decisões tomou. Sabe bem de minhas preocupações pois, com o seu testemunho, obriguei-me, diante de meu irmão, a resolver a grave questão que nos aflige. De minha parte não escondo o desejo de que as coisas se resolvam amigavelmente; e estou disposto a tudo para convencê-lo a tomar esse caminho, confirmando publicamente seu compromisso de fazer de minha irmã sua esposa.

DON JUAN

(Em tom hipócrita) Pobre de mim! Gostaria muito, de todo coração, dar-lhe a satisfação que exige e merece; mas o Céu se opõe diretamente a isso; pois

inspirou em minha alma o dever de mudar a minha vida. E neste momento o meu único pensamento e sentimento é abandonar todos os laços mundanos, me despojar totalmente de todas as vaidades, apagando, com uma conduta rigidamente austera, as manchas dos criminosos desregramentos nos quais fui envolvido pelo ardor que cega a juventude.

DON CARLOS

Esse projeto, Don Juan, não se choca em nada com a reparação que nos deve; a companhia de uma esposa legítima se acomoda perfeitamente aos louváveis propósitos que o Céu lhe inspira.

DON JUAN

Ai, não – absolutamente. Pois sua irmã tomou decisão semelhante; quer também retirar-se das tentações da vida social. Fomos os dois tocados pela mesma inspiração – e no mesmo instante.

DON CARLOS

O recolhimento de nossa irmã não nos convence, pois o atribuímos à sua mágoa, derivada do escárnio com que o senhor tratou a ela e a nossa família. Nossa honra exige o enlace.

DON JUAN

Lhe asseguro que isso é impossível. Por meu impulso, por minha vontade, era tudo que eu queria, e que me deixaria em paz com a sua família e a minha consciência. Hoje mesmo me socorri do Céu; e, no meio da prece, ouvi nitidamente a voz inspiradora me proibindo qualquer aproximação com Dona Elvira. Pois, ligando-me a ela, eu estaria justamente reincidindo no pecado do qual busco perdão.

DON CARLOS

Don Juan, o senhor acha realmente que pode nos envolver, embrulhando com essas belas palavras desculpas tão esfarrapadas?

DON JUAN

As palavras não são minhas. É a voz do Céu.

DON CARLOS

E o senhor quer que eu me contente com essa voz do Céu que ouviu em momento tão oportuno?

DON JUAN

São desígnios mais altos. O senhor pode não aceitar. Eu não discuto.

DON CARLOS

O senhor obrigou minha irmã a fugir do convento, desonrando-a e ferindo princípios sagrados. E agora essa voz...

DON JUAN

Essa voz fala em nome da mesma paz que o senhor deseja. Afastados um do outro, sua irmã pode voltar ao convento; eu, livre de tentação maior, posso deixar minha vida pecaminosa. E, em preces e provações solitárias, ambos recuperaremos a tranquilidade do espírito.

DON CARLOS

Isso aqui entre nós. Na corte ninguém esquecerá a mancha de desonra em nossa família.

DON JUAN

Que importa a corte se obedecemos ao Céu?

DON CARLOS

O Céu, o Céu, sempre o Céu!

DON JUAN

(Já usando vagamente um tom de ameaça) Por que, Don Carlos, o senhor duvida dos desígnios do Céu? O Céu nos pune. E nos perdoa. E nos recompensa.

DON CARLOS

Chega, Don Juan, eu o entendo. Infelizmente este lugar não me permite calar para sempre sua voz odiosa; e é por temor ao Céu que não maculo este espaço sagrado. Mas fique em guarda. Da próxima vez não haverá palavras.

DON JUAN

A decisão é sua. Sabe bem que não me falta coragem e muito menos perícia no uso desta espada.

Quando sair daqui e entrar na viela do hospício estarei fora da área do convento. Se o avistar já me porei em guarda. Mas esteja certo de que não desejo bater-me – o Céu me impede isso. Se eu o fizer me punirá por heresia, profanação, sacrilégio, impiedade; todas minhas boas intenções estarão perdidas. Mas, se o senhor me atacar, espero que o Céu me perdoe ter que eliminá-lo.

DON CARLOS

Veremos, sim, veremos. É a mim que ele terá que perdoar.

CENA IV

Don Juan e Leporelo

LEPORELO

Senhor, não entendo – que espécie de estilo é esse seu, agora? É bem pior do que todos os outros – gostava mais do senhor como se comportava antes. Sempre esperei por sua salvação – agora desespero. Acho que o Céu, que o suportou até aqui, não irá suportar mais isso que fez agora – um verdadeiro horror.

DON JUAN

Vai, vai, o Céu não é tão decoroso quanto você pensa. Se todas as vezes que os homens...

CENA V

*Don Juan, Leporelo e
um Espectro (como mulher velada)*

LEPORELO

(Vendo o Espectro) Veja, senhor, cuidado – é o Céu que fala. É um aviso do Céu.

DON JUAN

Bom, se o Céu quer me dar um aviso, diz para falar bem claro – chega de equívocos.

ESPECTRO

Don Juan, este é o seu último instante para aproveitar da misericórdia divina. Se não se arrepende agora a sua condenação já está decidida.

LEPORELO

O senhor entendeu bem, Don Juan? Está bem claro?

DON JUAN

Quem ousa me falar assim? Eu conheço essa voz.

LEPORELO

Ah, senhor, é um espectro – se vê pelo modo de andar.

DON JUAN

Espectro, fantasma ou demônio, quero ver como

é que é. *(O Espectro se transforma no Tempo, com a foice na mão)*

LEPORELO

Que horror! O senhor viu como ele se transformou?

DON JUAN

Não vi, não quero ver, não importa – nada é capaz de me apavorar. Mas vou verificar *(arranca a espada)* se é um corpo ou um espírito. *(O Espectro desaparece no instante em que Don Juan o atravessa com a espada)*

LEPORELO

Meu senhor, meu senhor!, ceda diante de tantas provas e arrependa-se antes que seja tarde.

DON JUAN

Não, não, aconteça o que aconteça, ninguém poderá dizer que o meu orgulho cedeu ao meu arrependimento. Vamos. Siga-me.

CENA VI

Estátua, Don Juan, Leporelo

ESTÁTUA

Pare, Don Juan. Ontem o senhor se comprometeu a vir jantar comigo.

DON JUAN
Como, não? Sim, senhor. Aonde vamos?

ESTÁTUA
Dê-me a sua mão.

DON JUAN
Aqui.

ESTÁTUA
Don Juan, o pecador empedernido atrai morte brutal e o desprezo pelas misericórdias do Céu faz explodir a sua fúria.

DON JUAN
Ó, Deus, que é isso que sinto? O que está acontecendo? Um fogo invisível me consome, me queima, me sufoca. Todo o meu corpo é um braseiro. Aaaahhhh! *(Cai um raio com terrível estrondo, e relâmpagos explodem sobre Don Juan. A terra se abre e traga-o para o abismo. Enormes labaredas se levantam do lugar em que ele desapareceu.)*

CENA VII

LEPORELO
Eis, com sua morte, todos aliviados; o Céu ofendido, as leis violadas, donzelas seduzidas, famílias desonradas, pais ultrajados, esposas conspurcadas,

maridos humilhados – todos satisfeitos. Quanto a mim, que só tenho a mim mesmo, pergunto modestamente a quem me ouve; e o meu salário? *(Vai saindo)* E o meu salário? E o meu salário?

Fim